やさしい英語を聴いて読む

IBCオーディオブックス

鼻
The Nose

杜子春
Toshishun

芥川龍之介
著

マイケル・ブレーズ
翻訳

松澤喜好
監修

IBCパブリッシング

ブックデザイン
鈴木一誌＋藤田美咲

ナレーション
Carolyn Miller
Jon Mudryj

はじめに

　英語の習得をめざす人が夢見るのは、「英語で感動することができる」レベルだと思います。「映画を字幕なしで見て感動したい」「海外ドラマを英語で楽しめるようになりたい」、そんな希望をお持ちのことでしょう。英語で感動し、そして他人をも感動させることができるようになれば、日本語と英語の両方で、人生を2倍楽しむことができてしまうのです。

　英語が得意な日本人が最後まで苦しむのが、「リスニング100％」のレベルに到達することです。「リスニング100％」の状態とは、発音、語彙、文法、多読、多聴などで蓄積されたスキルが頭のなかで統合されている状態です。したがって、「リスニング100％」になることを目標にすえて学習することが英語マスターへの近道だと考えられます。しかし現状では、日本人がまとめて長時間の英語の音声を聴く機会は極端に少ないといえます。それに、ただ英語を1日中聴き流していれば目標に到達できるというわけでもありません。自分にあった教材を使用して、自分のレベルを上げていくプロセスを組み立ててこそ、「リスニング100％」の状態をものにすることができるのです。

これまでリスニングや発音の指導をしていて、リスニング学習へのアプローチを誤ったために伸び悩んでいる生徒にたくさん接してきました。彼らはそろってある典型的な誤りに陥っていたのです。これは最初に目標として定めたレベルに達するよりも早く、次の題材へと移ってしまうことに起因します。これではレベルアップの機会を自らつぶしていることになります。もっと分かりやすく説明しましょう。

● Question
　ここに1冊の日常英会話の練習用CDがあったとします。このCDの再生時間は60分間で、20章で構成されているとしましょう。あなたなら、このCDを使ってどのように練習しますか。以下の3とおりの方法を見てみましょう。

例1　　1章ずつ順番に1回ずつ声に出して発音しながら練習する。ひととおり終わったら、もう一度最初から20章を通して練習する。

……この方法では、一応1冊を終わらせてはいますが、発音やリスニングの練習としては、まったく不十分です。ではもう少し量を増やせばよいのでしょうか。

例2　　1章を5回くりかえしてから次の章に移る。20章まで同様にして、練習する。

……いわゆる勉強家のやりかたで、ご立派だと思います。この方法にはそれなりの勉強時間を確保する意志が必要だからです。その結果として少しは実力がつくと思われますが、発音やリスニングの練習方法としては、まだまだ不十分でレベルアップにはつながりません。

例3 ひととおり20章を最後まで聴いてから、一番好きな章をひとつだけ選ぶ。その章を携帯オーディオ機器にダウンロードして常に持ち歩き、50回から100回くりかえす。

……この方法なら、カタカナ式だった英語が、ようやく本来の英語に変身します。20章のうちのたったひとつの章をくりかえし聴けばよいので、例2と総合的な所要時間は一緒ですが、心理的な負担がぐっと軽くなります。

なぜ例3の方法がもっとも有効なのかを、スポーツにたとえて説明しましょう。テニスでも野球でも、ラケットやバットの素振りをおこないます。素振りは、5回や10回では身につきません。数千回くりかえすことで、筋肉がつき、敏しょう性が備わり、やがて球を確実に返せるようになります。同様に、発音やリスニングも、カタカナ式発音から英語本来の発音へと変身するために必要な顔の筋肉、呼吸方法、確実性、敏しょう性を身につけるためには、数百回の練習が必要なのです。例2では、素振りの筋肉がつく前に次の練習に入ってしまっています。それに対して例3の方法なら、短い題材を何度もくりかえすことで、短時間のうちに急速に力がつくのです。

●オウムの法則

ここまでで述べてきたことはParrot's Law「オウムの法則」に基づいています。これは私がオウムの調教にちなんで名づけた考えかたです。オウムは2,000回くりかえして初めてひとつの言葉を口にできるようになるといいます。たとえばまず「おはよう」ならそれを2,000回くりかえし教えます。ついに「おはよう」と言わせることに成功すれば、次にはたった200回の訓練で「こんばんは」が言えるようになります。英語学習もこれと同じで、早い段階で脳に英語の発音を刷

り込んでおくことが重要なのです。Parrot's Lawのねらいはそこにあります。日本人の英語学習法を見てみると、「おはよう」をマスターする前に「こんばんは」の練習に取りかかってしまうので、いつまでたってもひとことも話せないし、聴こえない状態に留まってしまうのです。オウムですら一生に一度、2,000回のくりかえしをするだけで言葉を発することを覚えます。鳥よりもはるかに学習能力が高い人間なら、100回もくりかえせば、カタカナ式発音をほんものの英語発音に変身させることができるはずです。

●短い英文を100回聴く

　発音やリスニングが苦手な方は、まず短めの題材をひたすらくりかえし聴いて、英語の発音を完全に習得してしまいましょう。Parrot's Lawのメソッドなら、短い題材から大きな効果が期待できます。最初の50回までは、毎回少しずつ発見があり、自分の成長が実感できます。さすがに50回を超えると発音方法が分かるようになり、意味もほぼ理解して、英語で直接、場面をイメージできるようになります。同時に、自分の進歩が飽和してきて「これ以上は伸びないのでは？」と感じられます。でも実際には、50回を超えてからが肝心なのです。100回に向けて、脳に音の刷り込みをおこなっていきます。子音、母音、音節、イントネーション、複数の単語のかたまり、間の取りかた、息継ぎまでをそっくり再現できるまで練習しましょう。こうしてオウムでいうところの「おはよう」レベルに達することができるのです。

●仕上げの30分間

　次にもう少し長めの20分から30分くらいの題材を聴いて、ストーリーを追ってみます。そしてそれを数十回くりかえし聴きます。これ

がParrot's Lawメソッドの仕上げ段階です。これにより、リスニングレベルは劇的に向上します。まったく未知のストーリーでも、英語で筋を追うことができるようになるのです。

　一生のうち一度、短い英文の朗読を100回くりかえして聴き、練習するだけで、発音とリスニングの壁を越えることができるのです。英語学習の早い時期に絶対に実施すべきトレーニングだと考えています。

● **オーディオブックス**
　アメリカでは、ベストセラーをオーディオブックスで楽しむスタイルが普及しています。ストーリーを味わいながら英語のリスニングスキルを伸ばしたいなら、オーディオブックスを聴いて想像力を働かせることがとても効果的です。しかしその一方で、ネイティブスピーカーを対象とした一般のオーディオブックスをいきなり聴いて挫折してしまう人がたくさんいることも事実です。日本の読者に向けた『IBCオーディオブックス』なら、楽しみながらParrot's Lawメソッドを実行することができます。『IBCオーディオブックス』のラインナップからお好きなものをチョイスして、挫折することなしにストーリーを楽しんでみてください。

『IBCオーディオブックス』活用法

　前述したようにアメリカでは、ベストセラーをオーディオブックスで楽しむスタイルが一般化しています。ストーリーを楽しみつつ英語のリスニングスキルを伸ばしたい人に、オーディオブックスはとても効果的だといえます。ところが、日本人英語学習者がいきなりネイティブスピーカー用のオーディオブックスを聴いても、スピードや語彙の問題から、挫折感を味わうだけとなってしまうかもしれません。英語初心者でも楽しみながら英語に親しめる『IBCオーディオブックス』は、いままでまとめて長時間の英語の音声に触れる機会がなかった日本の英語学習者に、初級から上級まで、幅広い音声を提供します。語彙のレベルや朗読のスピードが豊富なラインナップからお好みのタイトルを選び、上手に活用していただければ、リスニングをマスターすることが可能になります。

　では具体的に、『IBCオーディオブックス』を120％使いこなす方法を説明しましょう。

1　自分の心のままに「お気に入り」のトラックをみつける

　まず、『IBCオーディオブックス』のCD全体を、「テキストを見ずに」聴いてください。聴きかたは、音楽CDと同じ感覚でけっこうです。たとえば、買ったばかりの音楽CDを聴くときは、ひととおり聴いて、自分はどの曲が好きで、どの曲が嫌い、と心でチェックを入れています。『IBCオーディオブックス』のCDもまず全体を通して聴いてみて、自分の好きな曲＝トラックをみつけてみます。

聴いてみて内容が半分ぐらい理解できるようでしたら、テキストを見ないままで何度か続け、好きなトラックをみつけてください。ほとんど理解できない場合は、テキストを見ながら聴いて好きなトラックを選んでもかまいませんが、あくまでも基本は、「テキストを見ないで聴く」ことです。

　最初からほとんど聴き取れてしまった方は、次のステップ②へ進んでください。

　お気に入りのトラックをみつけたら、そこを何度もくりかえし聴いて、リスニングと朗読の練習をしましょう。Parrot's Lawのメソッドの第一歩、短いパートを100回くりかえす方法の実践です。くりかえし回数のめやすはだいたい以下のとおりですが、「自分が納得できるまで」を原則とします。100回より多くても少なくてもけっこうです。
　また、気に入ったトラックは携帯オーディオ機器に入れて持ち歩くと、空き時間をみつけてリスニング回数をかせぐことができますので、おすすめです。
- 30回程度、テキストを見ないで、ひたすらリスニングをおこなう。
- 次の30回は、テキストを見ながら、内容を理解する。
- 次の30回は、CDに続いて自分でも声を出して発音する。
- 次の10回で、テキストを見ないでリスニングが100％になった状態を確認する。

　これだけの練習を終えるころには、自分が選んだトラックについては、すべて理解できるようになっていることと思います。時間的には短いですが、練習の最後には、「リスニング100％」の状態を体験してみることが重要です。テキストを見ながら内容を理解している段階においては、積極的に辞書を引いて、発音もチェックしておい

てください。聴くだけでなく自分自身でも発音してみる次のステップに入るころには、文章をほぼ暗記できていると思います。

短めの1トラックを題材にして、じゅうぶんすぎるくらいに練習できたら、いよいよ、1冊全部を聴いてみてください。練習する前とくらべて驚くほど聴き取れるようになっている自分を発見するはずです。

2 リスニングと朗読の練習をする

ステップ①では、短めの1トラックだけに集中しましたが、このステップ②では、20分から30分程度の長めのリスニングをおこないます。ステップ①で選んだトラックを含む、前後20分程度のトラックを連続してくりかえし聴き、あわせて発音練習もします。全部で100回といいたいところですが、20回から30回でもじゅうぶんだと思います。聴きかたと練習法については、下記を参考にしてください。

- 10回程度、テキストを見ないで、ひたすらリスニングをおこなう。
- 次の10回は、テキストを見ながら、内容を理解する。
- 次の10回は、CDに続いて自分でも声を出して発音する。
- 次の5回で、テキストを見ないで、リスニングが100%になった状態を確認する。

3 ストーリーを楽しむ

以上の練習でリスニング力と正しい発音がしっかりと身についてきます。自分でもじゅうぶん練習したと納得できたら、本1冊分、トラック全部を通して聴いてみてください。練習を始める前とは見違えるように聴き取れると思います。リスニングでストーリーを追える自分に気づいて感動すると思います。この感動が、英語の学習を続ける大きなモチベーションになります。

英語でストーリーを楽しむという経験を味わうことによって、いままでの英語学習方法に変化が起きてきます。たとえば、子音・母音の発音方法についてもっと興味がわいてきて、真の発音練習ができるようになったりします。自身の語彙不足に気づいたり、これまで発音を正確に身につけていなかったことなどに気づくことで、辞書を引いたときにはその単語の発音までもチェックするようになります。いったんストーリーを楽しめるようになると、英語を語順のとおり直接理解していく習慣がつきます。英文をいちいち日本語に直したり、文末から後戻りしないと理解できないという状態が改善されます。洋書を読んでいても文章を単語の発音と結びつけられるようになります。聴くときも、読むときも、バラバラの単語単位ではなくて、複数の単語どうしのかたまりで意味をとらえていけるようになります。

　英会話や、英語でのプレゼンテーションにもよい影響が出始めます。発音の指導をしていると、「発音明快・意味不明」の人に出会います。発音はネイティブスピーカーレベルなのですが、目をつぶって聴いていても意味が伝わってこない人のことです。そうなってしまう最大の原因は、「伝える」ということを明確にイメージせずに、ただ英語を話しているところにあります。そうすると英語のイントネーションや、単語のかたまりごとのスピード調節、間の取りかたなどがないがしろにされてしまい、聴き手に意味が伝わらないのです。たとえネイティブスピーカーでも英単語をぶつ切りにして話をされれば、意味がわからなくなってしまうのです。ところが、リスニングによってストーリーを楽しめる段階までくれば、この「発音明快・意味不明」の状態は自然に改善されていきます。ストーリーを楽しめることは、ネイティブスピーカーの聴こえかたに近づいてくるからです。

『IBCオーディオブックス』のさきにあるもの

　自信がついてきたら、さらに『IBCオーディオブックス』からほかのタイトルを選んで楽しんでください。日本人の英語学習者は、そもそも英語に触れる絶対量が不足しているので、もっと積極的に英語に触れる機会をつくる必要があるのです。『IBCオーディオブックス』にはTOEIC®テストスコアによるレベル表示があるので、それを参考に、どんどんレベルの高いストーリーに進んでください。ただし、それを勉強としてとらえてしまってはいけません。楽しみながら実践した結果として大量の英語に触れている、というのが理想的です。英語に触れることを日常の習慣として取り入れることから始めるのです。

　そして、だんだんと実力がついてきたら、好きな映画やペーパーバック、海外のオーディオブックなども取り入れてみましょう。1日1時間としても、楽しみながら、1週間で7時間もの間、英語に触れていることが可能となります。それだけの時間、英語漬けといえる環境に身を置けば、英語を流しっぱなしにしているだけでも、どんどん実力がアップしていくでしょう。

　皆さんも『IBCオーディオブックス』で、英語を聴くことの楽しみを自分のものにしていってください。

- 本書のテキストは小社より刊行の「ラダーシリーズ」と共通です。
- 「あらすじ」のトラック番号は付属のCDに対応しています。2枚組のときは左がCD、右がトラックの番号となります。
- 本書のCDは、CDプレーヤーでご利用ください。パソコンのCDドライブなどでは正常に再生できない場合があります。

はじめに
3

『IBCオーディオブックス』活用法
8

あらすじ
14

The Nose
19

Toshishun
45

Word List
78

あらすじ

The Nose 1
TRACK 1　p.21~

池の尾の町の僧侶、禅智内供の鼻はとても長かった。生来自分の鼻を嫌悪してきた禅智は、鼻の長さゆえにこうむる生活上の不便よりなにより、理想とかけはなれた姿をした自分の鼻そのものが受け入れ難かった。また、僧侶でありながら鼻ばかり気にしていることを人に知られたくなかった。（3分26秒）

キーワード
- [ ] priest
- [ ] nose
- [ ] centimeters
- [ ] chin
- [ ] sausage
- [ ] monk
- [ ] wood
- [ ] sneezed
- [ ] bowl
- [ ] whether

The Nose 2
TRACK 2　p.24~

禅智は理想の鼻にこだわり、鏡の前で顔を傾けてはいちばん鼻が短く見える角度を探ってみたり、安心したくて自分と同じような鼻を持つ他人を探したり、書物にあたって同じ境遇の人物の存在をしらべたが、見つけることはできなかった。最終的には薬などで鼻のサイズを変える方法にも手を出したが、あいかわらず禅智の鼻は長いままだった。（3分54秒）

キーワード
- [ ] image
- [ ] perfect
- [ ] shorter
- [ ] mirror
- [ ] jaw
- [ ] clothes
- [ ] learned
- [ ] medicine
- [ ] snake gourd

The Nose 3
TRACK 3　p.29~

ある秋、禅智の使いで京都へ上った弟子の僧侶が、鼻を短くする方法を知り合いの医師から聞いてきた。禅智は弟子の僧侶に促される形をとりたくて、最初は興味がないふりをしていたが、この方法を試すことにした。それは鼻を湯でゆでて足で踏んでもむという方法だった。禅智は横になり、ゆだった鼻を踏む弟子の僧侶の足が上下するのを見ていた。（3分31秒）

キーワード
- [ ] autumn
- [ ] eating
- [ ] hot water
- [ ] bath
- [ ] burn
- [ ] might
- [ ] through
- [ ] alone
- [ ] itch
- [ ] feet

あらすじ | 15

The Nose 4
TRACK 4
p.31~

弟子の僧侶にしばらく踏まれるうちに、鼻には油のかたまりが突出してきた。弟子は医師の指示にしたがい、これらを毛抜きで取り去って、鼻をもういちど湯につけた。しばらくして湯から上げた禅智の鼻はすっかり短くなっていた。これで誰にも鼻を笑われることはないだろう。鏡をのぞきこんだ禅智はうれしさをかみしめた。(3分51秒)

キーワード
- ☐ hurt
- ☐ hard
- ☐ stepped on
- ☐ itchy
- ☐ oily
- ☐ pulled out
- ☐ matter
- ☐ viewed
- ☐ bumps
- ☐ millimeters

The Nose 5
TRACK 5
p.34~

だが翌日からはさっそく鼻がまたもとに戻ってしまうのではという不安につきまとわれ、禅智は暇さえあれば鼻先を手で触り確認していた。さらに数日後には、禅智は周囲の人間からこそこそと笑われていることに気づき、鼻が長かった自分に向けられたものとは異なる嘲笑をなぜ今になって受けねばならぬのかと思い悩んだ。(3分36秒)

キーワード
- ☐ sutra
- ☐ upper
- ☐ samurai
- ☐ wore
- ☐ orders
- ☐ laugh
- ☐ Fugen Bodhisattva
- ☐ good old days

The Nose 6
TRACK 6
p.37

人には人の不幸を望む性質があり、誰かがその不幸を克服してしまうとまた違う不幸がその人を襲うのを期待してしまうところがあるのだということを禅智はだんだん実感してきた。ことあるごとに腹を立てるようになった禅智は、鼻が短くなったことですべてが解決したわけではないことに気づき始めた。(2分37秒)

キーワード
- ☐ truth
- ☐ women
- ☐ bad luck
- ☐ before long
- ☐ yet
- ☐ angry
- ☐ wrong
- ☐ especially
- ☐ wasting

あらすじ

TRACK 7 (p.40~)

The Nose 7

ある夜、禅智が眠れないでいると、鼻がむずがゆくなってきた。触れてみると濡れており、熱を持っていた。明くる朝、いつものように起き出すと懐かしい感覚が戻ってきた。鼻に手をやるとそこにはかつての長い鼻があった。これでもう、自分を笑う者はいないだろう、と禅智は鼻が短くなったときと同じすがすがしさを味わっていた。(2分43秒)

キーワード
- [ ] passed
- [ ] a little bigger
- [ ] light
- [ ] bright
- [ ] mouth
- [ ] fresh
- [ ] suddenly
- [ ] hung
- [ ] returned to
- [ ] rose

TRACK 8 (p.47~)

Toshishun Chapter 1

春、華やかな唐の都、洛陽(らくよう)の西の門下に杜子春(としゅん)という若者がたたずんでいた。彼はかつては裕福だったが、今はその日暮らしにも不自由するほど困窮していた。杜子春が自ら人生を断ってしまおうかと思いを巡らしていたところへある老人が現れた。杜子春の悩みを聞いた老人は、夕日がつくる杜子春の影の頭にあたる部分を夜中に掘れば黄金が出ると伝え、姿を消した。(4分20秒)

キーワード
- [ ] Tang
- [ ] capital
- [ ] Luoyang
- [ ] poor
- [ ] earth
- [ ] expensive
- [ ] earrings
- [ ] meant
- [ ] throw
- [ ] setting

TRACK 9 (p.51~)

Toshishun Chapter 2

洛陽でいちばんの金持ちになった杜子春がぜいたくざんまいの生活を始めると、かつての他人が大勢、友人として訪ねてきた。年を経るごとに金は減り、3年目に一文無しに戻ると見向きする者は誰もいなかった。杜子春が西の門にいると再び老人が現れ、黄金のありかを示してくれた。だがそれもまた3年経つうちにすべて使いきってしまった。(5分40秒)

キーワード
- [ ] richest
- [ ] dug
- [ ] hole
- [ ] luxury
- [ ] visited
- [ ] visitors
- [ ] poorer
- [ ] single
- [ ] glass
- [ ] chest

あらすじ | 17

TRACK 10 p.55~

Toshishun Chapter 3
3度目に同じく西の門下で老人と再会したとき、杜子春は、人間に愛想がつきてしまったことを打ち明けた。老人は峨眉山に住む仙人、鉄冠子だった。杜子春は老人に弟子にしてもらえるよう頼み込む。ふたりは竹の棒にまたがると、峨眉山へ向け出発した。竹棒は龍のように上空を上っていった。（7分57秒）

キーワード
- [ ] stomach
- [ ] raised
- [ ] no longer
- [ ] tired of
- [ ] won't
- [ ] quickly
- [ ] impossible
- [ ] follower
- [ ] wizard
- [ ] bamboo

TRACK 11 p.60~

Toshishun Chapter 4-1
ほどなくして峨眉山へ到着すると鉄冠子は杜子春を大きな岩に座らせ、自分が用事を済ませて戻る間、ひと言も発せずにその場で待つよう告げ、再び竹棒に乗って出発した。杜子春が一人になると、「お前は何者だ」という声とともに一頭の虎と一匹の巨大な白蛇が現れた。そして口を開こうとしない杜子春に同時に襲いかかったかと思うと、虎と蛇は突如、風に消えてしまった。（5分35秒）

キーワード
- [ ] enormous
- [ ] valley
- [ ] bowl
- [ ] evil
- [ ] spirits
- [ ] prepare
- [ ] leaped up
- [ ] terrible
- [ ] tongue
- [ ] flickers

TRACK 12 p.63~

Toshishun Chapter 4-2
次の瞬間、強風が吹き、黒雲がたれ込め、空が割れて激しい雨と雷が落ちてきた。杜子春は耳をふさいで岩に伏せたが、次に目を開けたときには何事もなかったかのような晴天だった。ほっとしたのもつかの間、三つ又のほこを手にした巨大な神将が現れ、「名乗らなければ命はない」と杜子春を脅した。それでも口を開こうとしなかったために、杜子春は神将に殺されてしまった。（6分31秒）

キーワード
- [ ] cloud
- [ ] thousand
- [ ] drums
- [ ] quietly
- [ ] demon
- [ ] warrior
- [ ] meters
- [ ] armor
- [ ] spear
- [ ] cutting

Toshishun Chapter 5-1

TRACK 13 p.68~

杜子春の魂は地獄へと降りていき、森羅殿にたどり着いた。閻魔大王から「お前は何者で、どうやってここへ来た」と聞かれたが、杜子春はここでも口を開かなかった。閻魔大王は杜子春の口を割るためにいろいろな地獄へ落として苦しめた。それでもなお杜子春が口をつぐんでいると、すでに亡くなった杜子春の父母を呼び寄せるよう、手下に命じた。(5分32秒)

キーワード
- [ ] dead
- [ ] blows
- [ ] devils
- [ ] creature
- [ ] dressed
- [ ] born
- [ ] sword
- [ ] blood
- [ ] lake
- [ ] human

Toshishun Chapter 5-2

TRACK 14 p.71~

連れてこられたのは杜子春の父と母の顔をした2頭の馬だった。閻魔大王は再び杜子春に説明を求め、答えなければ両親を痛い目にあわせると脅した。それでも杜子春が黙っていると、閻魔大王は子分の鬼に命じ、杜子春の両親を激しく鞭で打たせた。打たれてもなお息子を気遣う母親の様子に、おもわず杜子春の口から言葉が漏れた。(5分52秒)

キーワード
- [ ] no sooner
- [ ] shocked
- [ ] order
- [ ] whips
- [ ] struck
- [ ] sang
- [ ] tears
- [ ] worry
- [ ] son
- [ ] arms

Toshishun Chapter 6

TRACK 15 p.74~

自らの口をついて出た言葉を聞くや否や、杜子春は再び洛陽の西門に立っている自分に気づく。すべてが元通りになった今、杜子春は「これからは人間らしく素朴で正直な暮らしがしたい」と老人に告げた。その声には過去にはなかった何かが込められていた。老人は別れ際、自分が泰山に所有する一軒家を、畑ごと杜子春に譲ると申し出た。(3分39秒)

キーワード
- [ ] moment
- [ ] smiled
- [ ] even if
- [ ] killed
- [ ] let it go
- [ ] one another
- [ ] turned
- [ ] fields
- [ ] peach
- [ ] pretty

The Nose

The Nose

There was no one in Ike-no-o Town who didn't know about Priest Zenchi's nose. It was between fifteen and eighteen centimeters long and hung from above his upper lip down to his chin. It was the same size around from one end to the other. In fact, Priest Zenchi's nose looked very much like a sausage that was growing from the middle of his face.

Zenchi was now over fifty years old. Ever since he was a young monk, he had not liked his nose. But that was something that he did not want people to know. After all, he

was a priest and should be thinking about more important matters. But more than that, he didn't want people to know that he was almost always thinking about his nose. Even when he talked with people, he was afraid that someone would bring up the subject of noses.

Priest Zenchi did not like his nose for two reasons. One was simply because a long nose caused a lot of trouble. He could not, first of all, eat by himself. If he did eat by himself, his nose would fall right into his bowl of rice. So Zenchi would have someone sit across the table from him and hold up his nose with a piece of wood sixty centimeters long. This was not an easy thing to do, either for the person holding the piece of wood or for the Priest himself. Zenchi once had a boy monk hold the piece of wood, but when the boy sneezed and lost his hold on the wood, he dropped Zenchi's nose straight into the rice. The story about Priest Zenchi's nose falling into a bowl of rice soon spread all the way to Kyoto.

But the trouble it caused was not the most important reason for Priest Zenchi not liking his nose. The most important reason was that his nose was not part of the image that he had of himself. For example, people living in Ike-no-o Town said that Zenchi was lucky to be a priest. They thought that if he were not a priest and he wanted a wife, he would never be able to find one because of his long nose. Some people even said that Zenchi may have become a priest in the first place because of his nose. But Zenchi himself thought that the trouble his nose gave him was about the same, priest or no priest. The image that Zenchi had of himself was too strong to be changed by whether or not he could get a wife.

Zenchi tried many things to keep this image as perfect as it could be. First, he thought

of how he might make his nose look shorter than it really was. When no one was around, he would look at his face in a mirror this way and that. He tried to find the best way of holding his head to make his nose look different. But he soon grew tired of that. Next, he tried resting his chin on his hand or putting his fingers along his jaw. He looked hard into the mirror to see if this made his nose look any smaller. But his nose never looked smaller, not even once. There were even times when he thought that his nose was getting longer, no matter how hard he tried. When this happened, Zenchi would put the mirror away, sigh to himself, and return to his desk to read a sutra.

Second, not only did Priest Zenchi worry a lot about his own nose, he thought a lot about other people's noses, too. The temple in Ike-no-o was visited by a good number of priests and common people. Many priests lived there, and there was a bath house that

was used every day. Priest Zenchi looked with great care at each person who came to the temple. If he could find just one who had a nose like his, he would be very happy. In Zenchi's eyes, clothing, hats, and such things were not important. In fact, Priest Zenchi did not really look at people or their clothes; he looked only at their noses. While he found some noses that pointed down like his did, he didn't find any that were close to his in shape. After this had happened many times, Zenchi felt sad about himself and his interest in noses. When he talked to people, Zenchi would finger the end of his nose without thinking. Then, when he discovered what he was doing, his face would get red like a little boy's. Priest Zenchi was not happy about his great interest in his own nose.

Finally, Priest Zenchi turned to reading books to find a person with a nose like his own. If he could find just one person, that would make him feel a lot better. But no matter what he read, he couldn't find a nose like his. When he learned that a Chinese emperor had large ears, he thought how wonderful it would be if those ears had been a nose.

Along with trying to find a long nose among living people and in books, Priest Zenchi also tried to change the size of his own nose. In fact, he tried everything he could, such as drinking medicine made from the snake gourd. But no matter how hard he tried, his nose continued to hang down fifteen to eighteen centimeters, just as before.

But then, one autumn, a young monk from the temple went to Kyoto to do some business for Priest Zenchi. While there, this monk met a doctor, who was the friend of a friend. The doctor had come to Japan from China many years ago and was now a priest at Chorakuji Temple. From this doctor, the monk learned how to make a long nose short.

As always, Priest Zenchi did not want people to know that he could not stop thinking about his nose, so he did not try what the doctor said right away. When he was eating, he would often say, in a friendly way, how much trouble he was causing the young monk who held the piece of wood for his nose. But Zenchi really wanted to try the doctor's way to make his nose shorter. In fact, he was waiting for the young monk to tell him to do so. The young monk himself knew what Zenchi really wanted. He did not look down on Zenchi for playing this little game. He could understand Zenchi's feelings very well. So the young monk, saying this and that, tried to get Zenchi to follow the doctor's new way to make his nose smaller. Zenchi had hoped the young monk would do this. And then, just as the young monk hoped, Zenchi agreed to give the new way a try.

The doctor's new way was very simple: Zenchi's nose was put into hot water for a while, and then it was taken out and stepped on again and again by the young monk.

Hot water was made every day in the temple bath house. It was so hot that it could burn your fingers. This water was brought to Priest Zenchi, but if he put his nose straight into the water, he might burn his face. So a piece of wood with a hole in the center was put over the hot water, and Zenchi put his nose through the hole. Strange to say, his nose did not feel hot.

After a while the young monk would say, "I believe it is ready."

Hearing this, Zenchi smiled to himself. From these words alone, a person in the next room would never know that they were really talking about his nose. About this time, his nose started to itch.

Soon after Zenchi had taken his nose out of the hot water, the young monk began to step on it with both feet. Zenchi rested on his side, watching the monk's feet go up and down.

Once in a while the young monk would feel sorry for Priest Zenchi. Looking down at Zenchi's head, he would say, "I hope it doesn't hurt. The doctor said to step hard on your nose. But I hope it doesn't hurt."

Zenchi tried to show that it didn't hurt by moving his head. But since his nose was being stepped on, it was not easy. Looking at the young monk's feet, he answered in a low voice, "It does not hurt so very much." Since it was the itchy part of his nose that was being stepped on, it felt quite good, in fact.

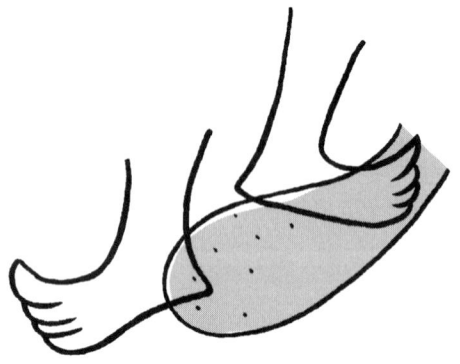

After a while, small oily bumps began to come out on Zenchi's nose. They made his nose look like the skin of a chicken after the feathers have been pulled out. Looking at this, the young monk stopped stepping on Zenchi's nose for a second and said, almost as if speaking to himself, "The doctor—he said they should be pulled out with tweezers."

Zenchi was not pleased, but he decided to leave the matter to the young monk. Zenchi understood that the young monk was being kind to him. But the fact that his nose was being viewed as a thing made him sad.

Zenchi made a face to show his feelings, but he let the young monk go ahead and take out the oily bumps. The oil came out in little pieces that were about eleven millimeters long.

After all the bumps had been taken out, the young monk sighed and said, "We must put your nose into the hot water one more time."

Priest Zenchi made a difficult face, but he did as the young monk told him to do.

Then, after putting Zenchi's nose in hot water for the second time, they took it out once more. And what should they see but a nose that was shorter than ever before! Now it was not very different from a common nose that pointed down a little. As Zenchi touched

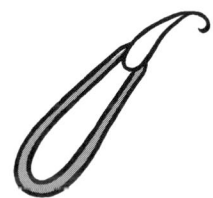

his nose, the young monk handed him a mirror. But Zenchi was afraid to look into it.

Until now Zenchi's nose had hung down as far as his chin. That nose—that long, long nose—was now much smaller. It was not the nose that Zenchi had known for so many years. Now it hung down just as far as his upper lip. It was a little red here and there, in the places it had been stepped on. But no one would ever laugh at this nose, Zenchi thought. Finally, he looked into the mirror. The face in the mirror looked back at the face outside the mirror. Both faces looked happy.

But that day was just one day, and Priest Zenchi worried that his nose would return to what it had been before. So he could not help touching the end of his nose when he was reading a sutra, or eating, or at other times. But his nose was not doing anything special. It was still hanging down to just above his upper lip, not any more than that. Zenchi soon went to bed. And the next morning, the first thing he did was to touch his nose to see if it had changed. It was still short, the same as yesterday. For the first time in many years, Priest Zenchi felt happy about life, just the way he felt after copying a sutra.

Over the next two or three days, Priest Zenchi discovered a fact that surprised him. A samurai came to the temple in Ike-no-o on business, as he had done before. This time he wore a strange look on his face, and without

talking much, he looked again and again at Zenchi's nose. And that was not all. When Zenchi was walking outside and passed the boy monk who had dropped his nose into the bowl of rice, the boy and his young friends would first look down, then smile, and finally laugh out loud. And when Priest Zenchi gave orders to other monks, they wouldn't do anything strange while he was there, but as soon as Zenchi left, they would begin to laugh in low voices. This happened more than once.

At first, Priest Zenchi thought this was happening because his face had changed a little. Of course, that was one reason why the other monks laughed. But it could not be the only reason, because the way they laughed when his nose was long, and the way they laughed now, was different. The reason was simple: people don't laugh at things they see every day; they laugh at things they only see once in a while.

But this was not the only strange thing that was happening.

"They didn't laugh that way before. Why now?" Once in a while, when he had started to read a sutra out loud, Zenchi would stop and ask himself this question. At such times, Zenchi would look at the statue of Fugen Bodhisattva at his side and lose himself in thought. He thought of the time, just four or five days ago, when his nose was long. Those were the good old days. He could not help but feel sad. Zenchi did not know the answer to the question "Why now?"

The truth is, there are two different types of feeling in all men and women. First, we all feel sorry for a person who has had bad luck. But once that person is over his bad luck, then we begin to feel that we have lost something, something that was important. In a way, we would like to see the person have bad luck again. And before long, in a quiet kind of way, we begin to feel that, really, we do not like that person very much. Zenchi himself didn't know this yet, but he was beginning to get a feeling for it.

It was just at this point that Priest Zenchi began to feel out of step with life. Almost every chance he had, he would get angry and shout at someone. When Zenchi wasn't around, even the young monk who took care of his nose said, "It is wrong to do things like that, and Priest Zenchi will be sorry one day."

The one who especially made Zenchi angry was the boy monk who had dropped the Priest's nose into the bowl of rice. One day Zenchi heard the loud cry of a dog outside, and he went out to see what the problem was. He found the boy monk running after the dog with a piece of wood that was about sixty centimeters long. And that was not all. As he ran after the dog, the boy shouted, "Do you want a hit on the nose? Do you want a hit on the nose?" Without wasting a second, Zenchi took the piece of wood from the boy's hand, and with that same piece of wood, hit him in the face. It turned out that the piece of wood was the same one used to hold up Zenchi's nose.

Priest Zenchi came to think that his short nose was not, in every way, a good thing.

Then, one night, something happened. After the sun had gone down, a strong wind came up, and Zenchi could hear the sounds of the wind from where he slept. It also got very cold, and Priest Zenchi was not able to sleep. As time passed, Zenchi's nose began to itch. Putting his hand to his nose, he could feel something like water. His nose had also gotten a little bigger, he thought. And it was hot, too.

"Maybe my nose is not well, because we did all those things to it to make it shorter," Priest Zenchi said to himself. At the same time he touched his nose, but he was very careful—as if he might break it.

The next morning, when Zenchi woke early as he usually did, he found that the trees in the garden had dropped their leaves. The ground was all a gold color, the garden was filled with light, and there was bright ice on the building tops. Zenchi went outside, opened his mouth, and filled his body with fresh air.

It was then that he remembered a feeling that he had been trying to forget.

Suddenly he brought his hand up to his nose. What he felt was not the short nose he had felt yesterday. It was his old nose, the one that was fifteen to eighteen centimeters long and hung from above his upper lip down to his chin. Zenchi now knew that, in one night, his nose had returned to what it had been

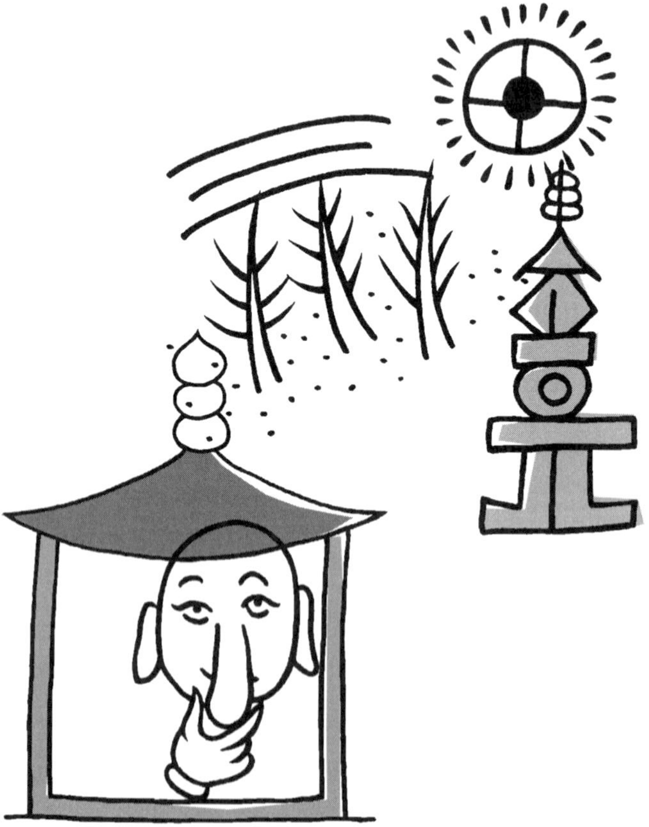

before. At the same time, he felt a song in his heart, the same wonderful feeling he had when his nose had first become short. Zenchi said to himself, "Now, no one will ever laugh at me again."

Then, as the sun rose in the sky, he let his long nose hang down from his face and play in the autumn wind.

Toshishun

Toshishun

1

It was the evening of a spring day.

A young man stood near the West Gate of the Tang capital of Luoyang, looking up at the sky. His name was Toshishun. He was once the son of a rich man, but now he was poor. All the money he had was just enough to keep him going from day to day.

At this point in history, Luoyang was the greatest city on the face of the earth. People and carts moved up and down the streets without end. There were fine hats, expensive earrings, and wonderful horses. It was almost as beautiful as a picture.

But all this meant nothing to Toshishun. He still stood near the wall of the West Gate. He still looked up at the sky, where he saw the moon, long and white.

Toshishun said to himself, "The sun is going down. I am hungry, and I have no place to stay tonight. If this is all life has for me, I may as well throw myself into the river and die."

Then suddenly—who knows from where—an old man with one bad eye appeared in front of Toshishun. Standing against the setting sun, he threw an enormous shadow on the gate. He looked down into Toshishun's face and said, "What are you thinking?"

Toshishun replied, "Me? Since I don't have

any place to sleep tonight, I was wondering what I should do." The old man's question had caught Toshishun by surprise, and so he had given a straight answer without thinking.

"Is that so? That's too bad," The old man said. And then, after thinking for a second, he pointed at the setting sun and spoke again. "Let me tell you something good. Stand in the setting sun so that you throw a shadow on the ground. At the place where the shadow of your head falls, dig a hole in the dark of night. You will find enough gold there to fill a cart."

Toshishun was surprised and said, "Is that true?" But when he looked up, the old man had disappeared. Instead, he saw the moon, which had become whiter than before, and two or three bats flying low in the sky.

2

On that day Toshishun became the richest man in all of Luoyang. It had happened just as the old man had said. In the dark of night, he had dug a hole where the shadow of his head had fallen in the setting sun, and he had found enough gold to fill a cart.

Toshishun soon bought a house and began to live a life of luxury.

When the word spread that Toshishun was rich, a great change took place among his friends. When he was poor, most of his friends would not even say hello if they met him on the street. But now that he was rich, they visited him day and night.

With each coming day, the number of visitors increased, until finally every person who could be called important had visited Toshishun's home. A party was held every day of the week, and each party was more wonderful than any Luoyang had ever seen.

But no matter how rich you are, there will come a day when there is no more money to spend. A year passed, and then another, and Toshishun became poorer and poorer. It was then that another great change took place among his friends. Now, even if they were passing in front of his house, they would not stop by to say hello.

In the spring of the third year, Toshishun had spent all of his money and was now without a cent, just as before. In all of Luoyang, there was not a single person who would give Toshishun a place to stay for the night. Even worse, no one would even give him a glass of water.

One day in the evening, Toshishun found himself back at the West Gate, looking up at the sky. Then, just as before, the old man with a bad eye suddenly appeared before him and said, "What are you thinking?"

When Toshishun saw the old man's face, he looked down in shame and didn't speak for a while. But, since the old man was kind, and since he was using the same words as before,

Toshishun decided to answer in the same way: "Since I don't have any place to sleep tonight, I was wondering what I should do."

The old man said, "Is that so? That's too bad. Let me tell you something good. Stand in the setting sun so that you throw a shadow on the ground. At the place where the shadow of your chest falls, dig a hole in the dark of night. You will find enough gold there to fill a cart."

And as soon as he finished speaking, the old man disappeared, just as he had before.

The next day Toshishun once again became the richest man in Luoyang. And once again he began to lead a life of luxury. Everything was just as it had been before.

And just as before, all the gold that he had found in the ground disappeared in just three years.

3

"What are you thinking?"

For the third time the old man with a bad eye appeared in front of Toshishun and asked the same question. Toshishun was, as always, standing by the West Gate, looking up at the moon in the sky.

"Me?" said Toshishun. "Since I don't have any place to sleep tonight, I was wondering what I should do."

"Is that so? That's too bad. Let me tell you something good. Stand in the setting sun so that you throw a shadow on the ground. At the place where the shadow of your stomach falls, dig a hole in the dark of night. You will find enough gold there to fill—"

When the old man got that far, Toshishun suddenly raised his hand and stopped him. "No, I no longer want money," he said.

"You no longer want money? Ah, so you

have grown tired of luxury, I see." The old man looked hard into Toshishun's face as he spoke.

"Tired of luxury?" said Toshishun. "Oh, not me. What I have grown tired of is people."

Toshishun went on. "People don't have feelings—not true feelings. When I am rich, they are kind to me, and smile at me. But when I am poor, they won't even look my way. So who would want to be rich again?"

When the old man heard this, he broke out into a smile. "I see. Well, for someone so young, you learn quickly. From now on then, you will be poor, and you will be happy being poor."

Toshishun didn't know what to say. But finally he looked up and said, "Being poor and being happy at the same time is impossible for me. That is why I want to become your follower. You are a wizard, aren't you? Only a wizard could make me the richest man in Luoyang in one night. Please, make me your follower. Teach me the wonderful ways of wizards."

The old man said nothing for a while as he seemed to work out some difficult problem in his head. Then he smiled and said, "You are right. I am the wizard who lives on Mt. Gabisan. I am known as Tekkanshi. The first time I saw your face, I thought you were a man who could learn quickly. That's why I twice made you rich. If you really want to become a wizard, then I will make you one."

These words made Toshishun feel not just glad but happy. As soon as Tekkanshi had spoken his last word, Toshishun fell to the ground before him and thanked Tekkanshi for being so kind.

"Oh, there is no need to thank me," Tekkanshi said. "Even if I take you on as my follower, whether or not you become a wizard is up to you. But, in any case, you should first come with me to Mt. Gabisan.

Look, someone has left their bamboo walking stick behind. We can make use of it."

Tekkanshi picked up the bamboo stick, and after saying some strange words, he and Toshishun got on the stick as if it were a horse. Then the most surprising thing happened. The stick quickly rose up into the sky, almost as if it were a dragon, and went flying off toward Mt. Gabisan.

Toshishun was very surprised by this, and was almost afraid to look down at the ground below. When he did look, he saw blue mountains standing out in the light of the setting sun. Luoyang and its West Gate were nowhere to be seen.

Before long, Tekkanshi began to sing a song:

In the mornings, I play in the north sea; in the evenings, I go south to Mt. Sogo.
I have a blue snake up my sleeve, and a wonderful feeling in my heart.

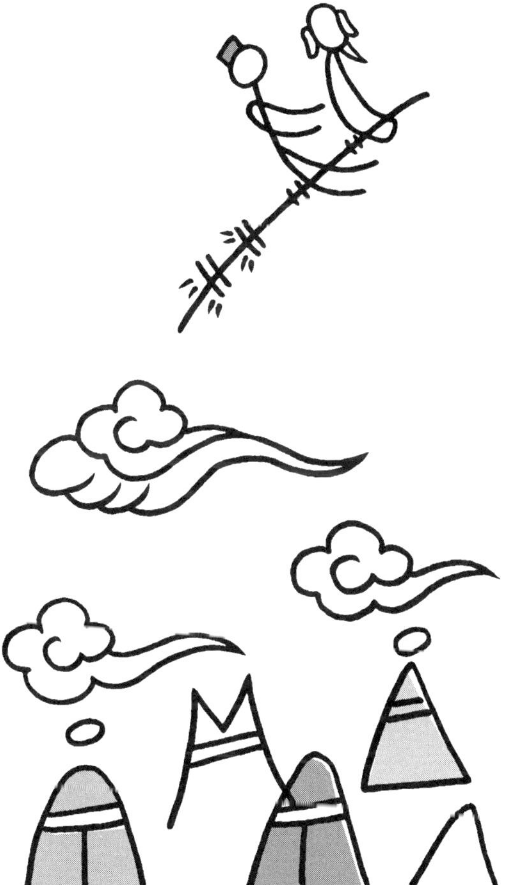

*Three times I have been to Gakuyo Town,
but no one knew me for who I was.
Now, while singing a song, I fly high over
Dotei Lake.*

4

The bamboo stick and the two men soon came to rest on an enormous rock at Mt. Gabisan, which looked down into a deep valley. It was so high up that one of the brightest stars looked as big as a tea bowl. All around was quiet, because no one ever came there. The only sound was the singing of a pine tree in the night wind.

Tekkanshi had Toshishun sit down on the rock and said to him, "I am going to see Seiobo, the Mother of Wizards. You stay here until I come back. While I am gone, evil spirits will appear and try to tempt you. Whatever happens, do not say a word. Speak one word, and you cannot become a wizard. Do you understand?"

"I understand," Toshishun answered. "No matter what, I will not speak. No matter what, I will not say a word."

"Yes, that's it," said the old man. "Now I am off to the Mother of Wizards." With that, Tekkanshi got on the bamboo stick and flew straight toward the dark mountains that stood out against the night sky.

Toshishun was left by himself on the rock. An hour passed, and the cold mountain air began to make its way through his light clothes.

Then, Toshishun heard a voice.

"Who is that sitting there?"

It was an angry voice. But Toshishun said nothing, just as he had been taught by the old man.

After a while, he heard the same voice again. "Answer now or prepare to die."

Still, Toshishun said not a word.

Suddenly a tiger leaped up onto the rock. Its eyes were bright and angry. It looked hard at Toshishun, and let out a terrible cry.

But that was not all. An enormous white snake appeared and came toward him. Its tongue danced in and out of its mouth, the way a fire flickers at the windows of a burning building.

But Toshishun continued to sit where he was, not moving even one finger.

It seemed that the tiger and the snake both wanted the same thing—to have Toshishun for dinner. They each waited for their chance, looking hard at each other. Then, suddenly, they both came toward him.

Toshishun wondered which would get him first—the tiger or the snake. But then, all at once, both of them disappeared into the air, as if they had never been there at all. All that was left was the singing of the pine tree.

Toshishun was happy that he had come through the experience alive. Yet he couldn't help wondering what would happen next.

Just then, a terrible wind came up, and a black cloud came down to the ground and spread all around Toshishun. Next, the cloud was cut in half by a bright light, and a sound like a thousand drums came from the sky.

But that was not the end of it. It began to rain so hard that Toshishun thought it would never stop. But he was not afraid. Even in the hard rain, he sat quietly and did not move.

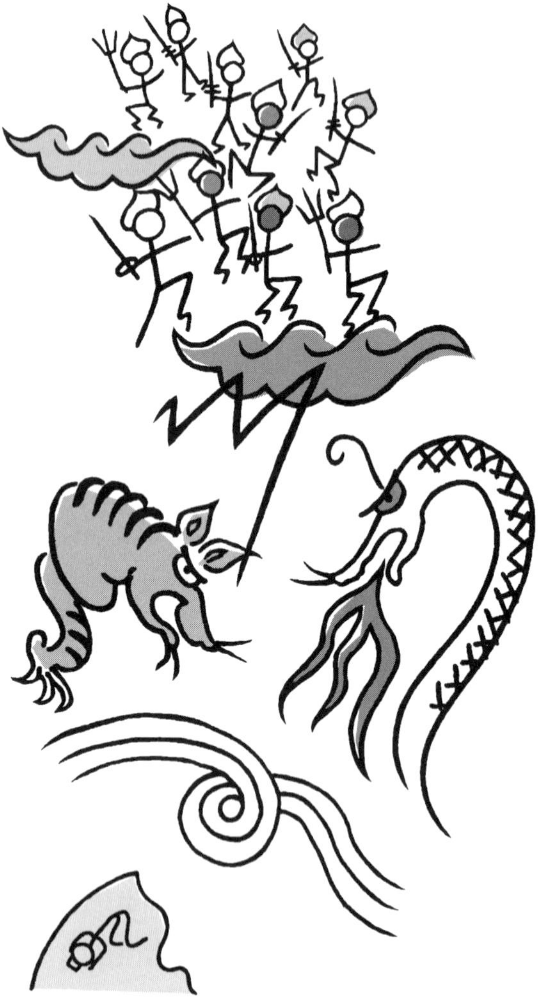

There was the sound of the wind, the rain and the water, and the bright lights going across the sky. It seemed that Mt. Gabisan would never be the same again. Finally, there was another loud sound in the sky, and a ball of fire fell straight down toward Toshishun's head.

Toshishun put his hands over his ears and threw himself down on the rock. When he finally opened his eyes, he saw the sky as it was before, without a single black cloud. And high over the mountains was that same star, as big as a bowl for drinking tea.

It seemed to Toshishun that everything that had happened—the tiger, the snake, the wind and rain—was all the work of evil spirits. It was not real. This thought made him happy, and he sat down on the rock again.

But Toshishun did not feel happy for long. This time a terrible demon warrior that was nine meters tall appeared before him. It was dressed in gold armor and carried a spear that had three points.

With anger in his eyes, the demon warrior pointed the spear at Toshishun's heart and said, "You there. Who do you think you are? Mt. Gabisan has been my home since the beginning of time. Now I find you here. Tell me who you are or lose your life."

But Toshishun did just as the old man had told him to do—he kept his mouth closed.

"So you are not going to answer? I see," said the demon warrior. "If that is the way you wish it, my followers must cut you into pieces."

The demon warrior raised his spear above his head, and his followers rose up from the mountains and filled the sky. Any minute they would come down and begin the work of cutting Toshishun into pieces.

Seeing this, Toshishun wanted to cry out for help, but then he remembered Tekkanshi's words. When the demon warrior saw that Toshishun was not afraid, he became so angry that his eyes grew big in his head.

"If you are going to be that way, then there is only one thing for me to do." The demon warrior then raised his spear, and with one quick move, he killed Toshishun.

In the next second the demon warrior disappeared, leaving behind nothing but a terrible laugh. Even his followers had gone, as if they were just a dream.

The big star in the sky looked down on Mt. Gabisan, spreading its light over the rock. The pine tree sang in the wind. Toshishun was still on the rock, his dead eyes looking up toward the sky.

5

Toshishun's dead body was still on the rock, but his spirit had already begun its fall down to Hades. Between this world and the world of Hades, there is a road that all people must travel. It is called the Road of the Dark Hole. No light falls on this road, and the wind there blows cold as ice.

Toshishun's spirit was carried like a leaf on the cold wind, going this way and that, until it came to rest in front of a large building. On the building was a sign that read, "Never Ending Place."

In front of Never Ending Place was an enormous number of devils. As soon as the devils saw Toshishun, they came around him. They brought him before a creature dressed in black and gold clothes. Toshishun was sure that this was the King of Hades. Afraid of what would happen next,

Toshishun fell to the ground before the King.

"Who are you and why have you come to Mt. Gabisan?" The voice of the King of Hades was enormous, like the sound of a thousand drums. Toshishun was getting ready to answer the question, but then he remembered his promise to Tekkanshi. So Toshishun simply looked down and said nothing.

The King of Hades looked hard at Toshishun. "Do you understand where you are? Answer quickly or you will be sorry you were ever born."

Still, Toshishun said not a word. Seeing this, the King of Hades spoke to the devils in a low voice. The devils quickly took hold of Toshishun and flew high into the sky above the Never Ending Place.

As we all know, in Hades there are places like Sword Mountain, Blood Lake, Fire Valley, and Ice Sea. They are all to be found in the dark, black sky above Never Ending Place. Toshishun was dropped into these places, one after another. His body became one enormous pain—his head, his face, his tongue, his chest, his skin.

Still, Toshishun said not a word.

The devils had done everything they could to make Toshishun speak. They could do no more. So once again they flew up into the sky, but this time they flew back to where the King of Hades was waiting. With one voice, the devils said, "This human will not speak, no matter how much pain we cause him."

The King of Hades made a terrible face and fell into thought. Then he seemed to have an idea. "This human's mother and father are here in Hades. Bring them before me."

As soon as the King of Hades had spoken, one devil flew like the wind up into the dark night. But no sooner had the devil gone than it was back again, driving two poor creatures before it.

When Toshishun saw the two creatures, he was more shocked than surprised. They looked like horses, but their faces were the faces of his own mother and father.

"Now, I ask again. Who are you and why have you come to Mt. Gabisan? If you do not answer quickly, your mother and father will be sorry."

Still, Toshishun did not answer.

"Do you think nothing of your mother and father? You think only of yourself?" The voice of the King of Hades was enormous, like the sound of a thousand drums.

Then the King of Hades gave an order to the devils. "Strike them, devils. Make them feel pain—terrible, terrible pain."

In one voice, the devils shouted, "Haaa." They picked up their whips and struck the two horses. The whips sang as they cut through the air and fell on the bodies of the horses—here, there, everywhere.

The horses—that is, Toshishun's mother and father—turned their bodies this way and that to keep away from the whips. Their eyes filled with tears of blood. They cried out in voices that would break your heart.

The King of Hades ordered the devils to stop and turned to Toshishun. "Now, are you ready to speak?"

The two horses were on the ground before the King. Their pain was a pain no one should ever have to feel.

Closing his eyes, Toshishun tried his best to remember Tekkanshi's words. Then he heard a voice. The voice was so low, so quiet, that it was almost not a voice at all. "Don't worry yourself. No matter what happens to us, don't worry—as long as you are happy. No matter what the King says, don't speak. Not if you don't want to."

It was the voice of Toshishun's mother, a voice he remembered so well. Without thinking, he opened his eyes. One of the horses looked sadly toward him. Even now, even in such great pain, Toshishun's mother thought only of her son.

When he was rich, people liked Toshishun. When he was poor, they no longer wanted to talk to him. But his mother, she thought of him always, no matter what the time, no matter what the place. What a wonderful person she was! What a good and simple human being!

Toshishun forgot the words of Tekkanshi. He ran to his mother and put his arms around her. Tears fell from his eyes as he cried, "Mother!"

6

The moment he heard his own voice say "Mother," Toshishun found himself back under the West Gate of Luoyang. Everything was just as it had been before he went to Mt. Gabisan—the setting sun, the sky, the moon, the people and the carts.

"What did I tell you? Just because you become my follower doesn't mean you can become a wizard." The old man with one bad eye smiled as he spoke.

"Yes, you are right," Toshishun said. "You are right, and I am glad that you are right."

With tears in his eyes, Toshishun took the old man by the hand. "Even if it means I cannot become a wizard, I could not stand by while my mother and father were being put through such pain."

"If you had just stood by and said nothing…" Tekkanshi said, looking hard at Toshishun. "If you had just stood by and said nothing, I would have killed you myself. So, you don't want to be a wizard anymore. And you no longer want to be rich. What do you want to be?"

"No matter what I am, I want to live a good and simple life." Toshishun's voice had something in it that had not been there before.

"Don't forget that thought—don't let it go," Tekkanshi said. "Well, we will not be seeing one another again." And with that, Tekkanshi turned and walked quickly away. But then he stopped and looked back. "Ah, I just thought of something," he said, with a smile on his face. "I have a little house in the south, on Mt. Taizan. It is yours, along with the fields around it. The peach trees there are pretty at this time of year."

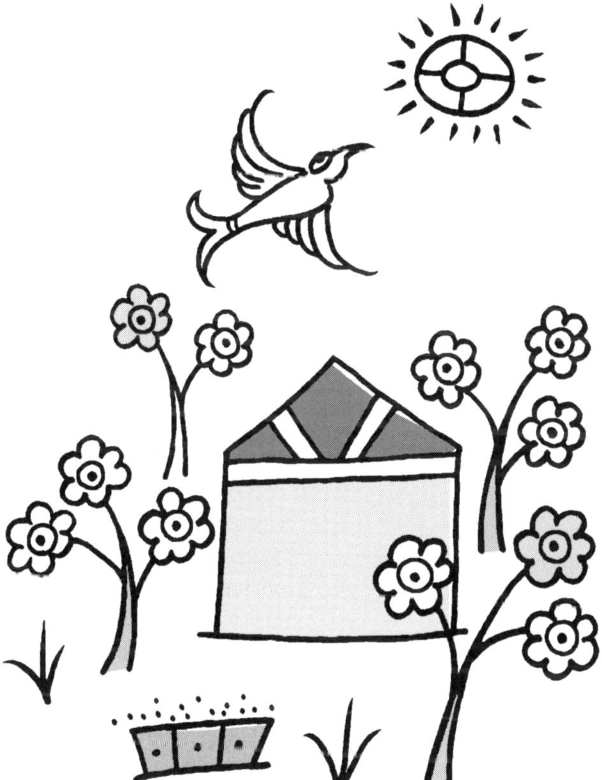

Word List

- 語形が規則変化する語の見出しは原形で示しています。不規則変化語は本文中で使われている形になっています。
- 一般的な意味を紹介していますので、一部の語で本文で実際に使われている品詞や意味と合っていないことがあります。
- 品詞は以下のように示しています。

名 名詞	代 代名詞	形 形容詞	副 副詞	動 動詞	助 助動詞
前 前置詞	接 接続詞	間 間投詞	冠 冠詞	略 略語	俗 俗語
熟 熟語	頭 接頭語	尾 接尾語	記 記号	関 関係代名詞	

A

- **a** 冠 ①1つ[人]の, ある ②〜につき
- **able** 形《be - to》(人が) 〜することができる
- **about** 副 ①およそ〜, 約〜 ②まわりに 前 ①〜について ②〜のまわりに[の]
- **above** 前 ①〜の上に ②〜より以上で ③〜を超えて 副 ①上に ②以上に 形 上記の 名《the - 》上記の人[こと]
- **across** 前 〜を渡って, 〜の向こう側に 副 渡って, 向こう側に
- **afraid** 形 ①心配して ②恐れて, 怖がって I'm afraid (that) 〜 残念ながら〜, 悪いけれど〜
- **after** 前 〜のあとに[で], 〜の次に 副 あとに[で] 接 (〜した) あとに[で] after all 結局
- **again** 副 再び, もう一度
- **against** 前 〜に対して, 反対して
- **ago** 副 〜前に long ago ずっと前に, 昔
- **agree** 動 ①〜に同意する ②〜と意見が一致する
- **ah** 間 (驚き, 悲しみ, 賞賛などを表し) ああ, やっぱり
- **ahead** 副 ①前方へ[に] ②前もって ③進歩して, 有利に go ahead ①先に行く ②どうぞ《許可を表す》
- **air** 名 ①《the - 》空中, 空間 ②空気, 《the - 》大気 ③雰囲気, 様子
- **alive** 形 ①生きている ②活気のある, 生き生きとした
- **all** 形 すべての 代 全部, すべて(のもの[人]) not 〜 at all 少しも[全然]〜ない 名 全体
- **almost** 副 ほとんど, もう少しで(〜するところ)
- **alone** 形 ただ1人の 副 1人で, 〜だけで
- **along** 前 〜に沿って 副 前へ, ずっと, 進んで along with 〜 〜に加えて
- **already** 副 すでに, もう
- **also** 副 〜も(また), 〜も同様に 接 その上, さらに

- □ **always** 副 いつも, 常に
- □ **am** 動 ～である, (～に)いる[ある]
- □ **among** 前 (3つ以上のもの)の間で[に], ～の中で[に]
- □ **an** 冠 ①1つ[人]の, ある ②～につき
- □ **and** 接 ①そして, ～と… ②《同じ語を結んで》ますます ③《結果を表して》それで, だから go [come] and ～ ～しに行く[来る]
- □ **anger** 名 怒り
- □ **angry** 形 怒って, 腹を立てて
- □ **another** 形 ①もう1つ[1人]の ②別の 代 ①もう1つ[1人] ②別のもの
- □ **answer** 動 ～に答える, ～に応じる 名 答え, 応答, 返事
- □ **any** 形 ①《疑問文で》何か, いくつかの ②《否定文で》何も, 少しも(～ない) ③《肯定文で》どの～も 代 ①《疑問文で》(～のうち)何か, どれか, 誰か ②《否定文で》少しも, 何も[誰も] ～ない ③《肯定文で》どれも, 誰でも 副 少しは, 少しも
- □ **anymore** 副 《通例否定文, 疑問文で》今はもう, これ以上, これから
- □ **anything** 代 ①《疑問文で》何か, どれでも ②《否定文で》何も, どれも(～ない) ③《肯定文で》何でも, どれでも 副 いくらか
- □ **appear** 動 ①現れる, 見えてくる ②(～のように)見える, ～らしい
- □ **are** 動 ～である, (～に)いる[ある]
- □ **arm** 名 ①腕 ②腕状のもの, 腕木, ひじかけ ③《-s》武器, 兵器 動 武装する[させる]
- □ **armor** 名 鎧, 兜, 甲冑
- □ **around** 副 ①まわりに, あちこちに ②およそ～, 約～ 前 ～のまわりに, ～のあちこちに
- □ **as** 接 ①《as ～ as …の形で》…と同じくらい～ ②～のとおりに, ～のように ③～しながら, ～しているときに ④～するにつれて, ～にしたがって ⑤～なので ⑥～だけれども as if ～ まるで～のように 前 ①～として(の) ②～のとき 副 同じくらい 代 ①～のような ②～だが
- □ **ask** 動 ①～を尋ねる, ～を聞く ②～を頼む, ～を求める
- □ **at** 前 ①《場所・時》～に[で] ②《目標・方向》～に[を], ～に向かって
- □ **autumn** 名 秋
- □ **away** 副 離れて, 遠くに, 去って 形 離れた, 遠征した 名 遠征試合

B

- □ **back** 名 ①背中 ②裏, 後ろ 副 ①戻って ②後ろへ[に] 形 裏の, 後ろの
- □ **bad** 形 ①悪い, 下手な ②気の毒な bad luck 不運 That's too bad. 残念だ。
- □ **ball** 名 ボール, 球 動 丸くなる[丸める]
- □ **bamboo** 名 竹類, 竹, 竹材 形 竹の
- □ **bat** 名 ①コウモリ ②(野球の)バット 動 バットで打つ
- □ **bath** 名 入浴, 風呂 動 風呂に入る[入れる]
- □ **be** 動 ～である, (～に)いる[ある], ～となる 助 ①《現在分詞とともに用いて》～している ②《過去分詞とともに用いて》～される, ～されている 名 《-ing》①存在 ②いのち, 生物
- □ **beautiful** 形 美しい, すばらしい 間 いいぞ, すばらしい

- **became** 動 become (〜になる, 〜に似合う)の過去
- **because** 接 (なぜなら)〜だから, 〜という理由[原因]で
- **become** 動 ①〜になる ②〜に似合う ③ become の過去分詞
- **bed** 名 ①ベッド, 寝所 go to bed 床につく, 寝る ②花壇, 川床, 土台
- **been** 動 be (〜である)の過去分詞
- **before** 前 〜の前に[で], 〜より以前に before long やがて 接 〜する前に 副 以前に
- **began** 動 begin (始まる[始める])の過去
- **begin** 動 始まる[始める], 起こる
- **begun** 動 begin (始まる[始める])の過去分詞
- **behind** 前 ①〜の後ろに, 〜の背後に ②〜に遅れて, 〜に劣って 副 ①後ろに, 背後に ②遅れて, 劣って
- **believe** 動 〜を信じ(ている)
- **below** 前 ①〜より下に ②〜より劣る 副 下に[へ]
- **best** 形 最もよい, 最大[多]の 副 最もよく, 最も上手に 名《the –》①最上のもの ②全力, 精いっぱい
- **better** 形 ①よりよい ②(人が)回復して 副 ①よりよく, より上手に ②むしろ had better 〜 〜するほうがよい
- **between** 前 (2つのもの)の間に[で, の] between 〜 and … 〜と…の間に[で, の] 副 間に
- **big** 形 ①大きい ②偉い, 重要な 副 ①大きく, おおいに ②自慢して
- **black** 形 黒い, 有色の 名 黒, 黒色
- **blood** 名 ①血, 血液 ②血統, 家柄 ③気質
- **blow** 動 ①(風が)吹く ②息を吹く, (鼻)をかむ ③破裂する ④吹奏する 名 ①(風の)一吹き, 突風 ②(楽器の)吹奏 ③打撃
- **blue** 形 ①青い ②青ざめた ③憂うつな, 陰気な 名 青(色)
- **Bodhisattva** 名 菩薩
- **body** 名 ①体, 死体, 胴体 ②団体, 組織 ③主要部, (文書の)本文
- **book** 名 ①本, 書物 ②《the B-》聖書 ③《-s》帳簿 動 ①〜を記入する, 〜を記帳する ②〜を予約する
- **born** 動 bear ((子)を産む)の過去分詞 形 生まれた, 生まれながらの
- **both** 形 両方の, 2つとものの 副《both 〜 and … の形で》〜も…も両方とも 代 両方[者], 双方
- **bought** 動 buy (〜を買う)の過去, 過去分詞
- **bowl** 名 どんぶり, わん, ボウル 動 ボウリングをする, ボールを転がす
- **boy** 名 ①少年, 男の子 ②給仕
- **break** 動 ①〜を壊す, 折る ②(記録, 法律, 約束)を破る ③〜を中断する break out 急に発生する 名 ①破壊, 割れ目 ②小休止
- **bright** 形 ①輝く, 明るい ②快活な ③利口な 副 輝いて, 明るく 名《-s》鮮やかな色
- **bring** 動 ①〜を持ってくる, 〜を連れてくる ②〜をもたらす, 生ずる
- **broke** 動 break (〜を壊す, (記録など)を破る, 〜を中断する)の過去
- **brought** 動 bring (〜を持ってくる, 〜をもたらす)の過去, 過去分詞
- **build** 動 〜を建てる, 〜を確立する 名 ①体格, 構造 ②《-ing》建物, ビル
- **bump** 名 ①衝突(の音) ②こぶ, 隆

起 動①ドスン[バン]と当たる ②～に(と)ぶつかる[ぶつける]

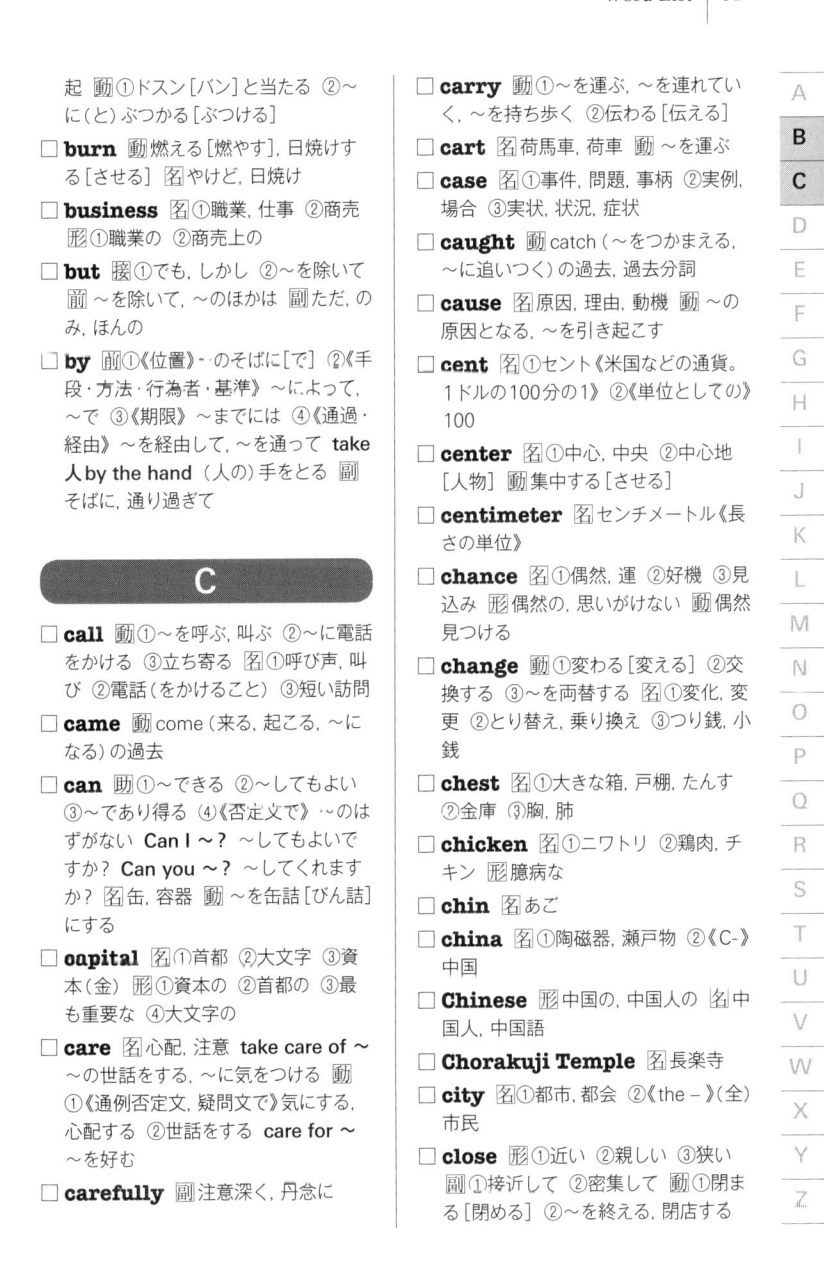

- **burn** 動燃える[燃やす], 日焼けする[させる] 名やけど, 日焼け
- **business** 名①職業, 仕事 ②商売 形①職業の ②商売上の
- **but** 接①でも, しかし ②～を除いて 前～を除いて, ～のほかは 副ただ, のみ, ほんの
- **by** 前①《位置》～のそばに[で] ②《手段・方法・行為者・基準》～によって, ～で ③《期限》～までには ④《通過・経由》～を経由して, ～を通って take 人by the hand (人の)手をとる 副そばに, 通り過ぎて

C

- **call** 動①～を呼ぶ, 叫ぶ ②～に電話をかける ③立ち寄る 名①呼び声, 叫び ②電話(をかけること) ③短い訪問
- **came** 動 come (来る, 起こる, ～になる)の過去
- **can** 助①～できる ②～してもよい ③～であり得る ④《否定文で》～のはずがない Can I ～? ～してもよいですか? Can you ～? ～してくれますか? 名缶, 容器 動～を缶詰[びん詰]にする
- **capital** 名①首都 ②大文字 ③資本(金) 形①資本の ②首都の ③最も重要な ④大文字の
- **care** 名心配, 注意 take care of ～ ～の世話をする, ～に気をつける 動①《通例否定文, 疑問文で》気にする, 心配する ②世話をする care for ～ ～を好む
- **carefully** 副注意深く, 丹念に
- **carry** 動①～を運ぶ, ～を連れていく, ～を持ち歩く ②伝わる[伝える]
- **cart** 名荷馬車, 荷車 動～を運ぶ
- **case** 名①事件, 問題, 事柄 ②実例, 場合 ③実状, 状況, 症状
- **caught** 動 catch (～をつかまえる, ～に追いつく)の過去, 過去分詞
- **cause** 名原因, 理由, 動機 動～の原因となる, ～を引き起こす
- **cent** 名①セント《米国などの通貨。1ドルの100分の1》 ②《単位としての》100
- **center** 名①中心, 中央 ②中心地[人物] 動集中する[させる]
- **centimeter** 名センチメートル《長さの単位》
- **chance** 名①偶然, 運 ②好機 ③見込み 形偶然の, 思いがけない 動偶然見つける
- **change** 動①変わる[変える] ②交換する ③～を両替する 名①変化, 変更 ②とり替え, 乗り換え ③つり銭, 小銭
- **chest** 名①大きな箱, 戸棚, たんす ②金庫 ③胸, 肺
- **chicken** 名①ニワトリ ②鶏肉, チキン 形臆病な
- **chin** 名あご
- **china** 名①陶磁器, 瀬戸物 ②《C-》中国
- **Chinese** 形中国の, 中国人の 名中国人, 中国語
- **Chorakuji Temple** 名長楽寺
- **city** 名①都市, 都会 ②《the –》(全)市民
- **close** 形①近い ②親しい ③狭い 副①接近して ②密集して 動①閉まる[閉める] ②～を終える, 閉店する

- □ **clothe** 動《受身形で》〜を着ている，〜の格好をする
- □ **clothes** 名衣服，身につけるもの
- □ **clothing** 名衣類，服
- □ **cloud** 名①雲，雲状のもの，煙 ②大群 動曇る，暗くなる
- □ **cold** 形①寒い，冷たい ②冷淡な，冷静な 名①寒さ，冷たさ ②風邪
- □ **color** 名①色，色彩 ②絵の具 ③血色 動〜に色をつける
- □ **come** 動①来る，行く，現れる ②(出来事が)起こる，生じる ③〜になる come through 切りぬける
- □ **common** 形①共通の，共同の ②普通の，平凡な ③一般の，公共の
- □ **continue** 動続く[続ける]，(中断後)再開する
- □ **copy** 名①コピー ②(書籍の)一部，冊 ③広告文 動〜を写す，まねる
- □ **could** 助 can (〜できる) の過去 Could you 〜? 〜してくださいますか？《ていねいな依頼》
- □ **course** 名①進路，方向 ②経過，なりゆき ③科目，講座 of course もちろん，当然
- □ **creature** 名 (神の)創造物，生物，動物
- □ **cry** 動泣く，〜と叫ぶ，大声を出す 名泣き声，叫び，かっさい
- □ **cut** 動①〜を切る，〜を刈る ②〜を短縮する，〜を削る 名①切ること，切り傷 ②削除 ③ヘアスタイル

D

- □ **dance** 動①踊る，ダンスをする ②舞う，ちらちらする 名ダンス，ダンスパーティー
- □ **dark** 形①暗い，闇の ②(色が)濃い ③陰うつな 名①《the –》暗がり，闇 ②《無冠詞で》日暮れ，夜 ③暗い色[影]
- □ **day** 名①日中，昼間 ②日，期日 ③《-s》時代，生涯 from day to day 日ごとに
- □ **dead** 形①死んでいる，活気のない ②全くの 名《the –》死者たち，故人 副完全の，全く
- □ **decide** 動〜を決定[決意]する，〜しようと決める，判決を下す
- □ **deep** 形①深い，深さ〜の ②深遠な ③濃い 副深く
- □ **demon** 名悪魔 demon warrior 神将
- □ **desk** 名①机，台 ②受付(係)，フロント，カウンター，部局
- □ **devil** 名鬼
- □ **did** 助動 do (《否定文・疑問文をつくる》，〜をする) の過去
- □ **die** 動死ぬ，消滅する
- □ **different** 形異なった，違った，別の，さまざまな
- □ **difficult** 形困難な，難しい，扱いにくい
- □ **dig** 動①掘る ②小突く ③探る 名①突き ②発掘
- □ **dinner** 名①ディナー，夕食 ②夕食[食事]会，祝宴
- □ **disappear** 動見えなくなる，姿を消す，なくなる
- □ **discover** 動〜を発見する，〜に気づく
- □ **do** 動①《ほかの動詞とともに用いて現在形の否定文・疑問文をつくる》②《同じ動詞をくり返すかわりに用いる》③《動詞を強調するのに用いる》動〜をする

- **doctor** 名医者, 博士(号)
- **does** 助動 do(《否定文・疑問文をつくる》, 〜をする)の3人称単数現在
- **dog** 名犬
- **done** 動 do(〜をする)の過去分詞
- **Dotei Lake** 名洞庭湖
- **down** 副①下へ, 降りて, 低くなって ②倒れて 前〜の下方へ, 〜を下って 形下方の, 下りの
- **Dragon** 名ドラゴン《人名》
- **dream** 名夢, 幻想 動(〜の)夢を見る, 夢想[想像]する
- **dress** 名ドレス, 衣服, 正装 動①服を着る[着せる] ②〜を飾る
- **drink** 動飲む, 飲酒する 名飲み物, 酒, 1杯
- **drive** 動①車で行く, (車を)運転する ②〜を追いやる, (ある状態に)する 名ドライブ
- **drop** 動(ぽたぽた)落ちる[落とす], 下がる[下げる] 名しずく, 落下
- **drum** 名太鼓, ドラム 動太鼓を鳴らす, ドラムを打つ
- **dug** 動 dig(掘る)の過去, 過去分詞

E

- **each** 形それぞれの, 各自の 代それぞれ, 各自 副それぞれに **each other** お互いに
- **ear** 名耳, 聴覚
- **early** 形①(時間や時期が)早い ②初期の, 幼少の, 若い 副早く, 早めに
- **earring** 名イヤリング
- **earth** 名①《the -》地球 ②大地, 陸地, 土 ③この世
- **easily** 副①容易に, たやすく, 苦もなく ②気楽に
- **easy** 形①やさしい, 簡単な ②気楽な, くつろいだ
- **eat** 動〜を食べる, 食事する
- **eighteen** 名18(の数字), 18人[個] 形18の, 18人[個]の
- **either** 形①(2つのうち)どちらかの ②どちらでも 代どちらも, どちらでも 副どちらか, 《否定文で》〜もまた(…ない) 接《either 〜 or …の形で》〜かまたは…か
- **eleven** 名①11(の数字), 11人[個] ②11人のチーム, イレブン 形11の, 11人[個]の
- **emperor** 名《the 〜》皇帝, 天皇
- **end** 名①終わり, 終末 ②果て, 末端 ③目的 動終わる[終える]
- **enormous** 形莫大な, 非常に大きい, 巨大な
- **enough** 形十分な, (〜するに)足る 名十分(な量・数), たくさん 副(〜できる)だけ, 十分に, 全く
- **especially** 副特別に, とりわけ
- **even** 副①《強意》〜でさえも, 〜ですら, いっそう, なおさら ②平等に **even if 〜** たとえ〜でも 形①平らな, 水平の ②等しい, 均一の ③落ち着いた 動平らになる[する], つり合いがとれる
- **evening** 名①夕方, 晩 ②《the – または one's –》末期, 晩年, 衰退期
- **ever** 副①今までに, これまで, かつて ②《強意》いったい
- **every** 形①どの〜も, すべての, あらゆる ②毎〜, 〜ごとの
- **everything** 代すべてのこと[もの], 何でも, 何もかも

- **everywhere** 副どこにいても, いたるところに
- **evil spirit** 名魔性
- **expensive** 形高価な, ぜいたくな
- **experience** 名経験, 体験 動~を経験[体験]する
- **eye** 名①目, 視力 ②眼識, 観察力 ③注目

F

- **face** 名①顔, 顔つき ②外観, 外見 ③(時計の)文字面, (建物の)正面 動~に直面する, ~に立ち向かう the face of the earth 地球全体
- **fact** 名事実, 真相 in fact つまり
- **fall** 動①落ちる, 倒れる ②(値段・温度が)下がる 名①落下, 墜落 ②滝 ③崩壊 ④秋
- **fallen** 動fall(落ちる, (値段・温度が)下がる)の過去分詞 形落ちた, 倒れた
- **far** 副遠くに, はるかに, 離れて
- **father** 名①父親 ②先祖, 創始者 ③《F-》神 ④神父, 司祭
- **feather** 名羽, 《-s》羽毛
- **feel** 動~を感じる, ~と思う 名《-ing》①感じ, 気持ち ②触感, 知覚 ③同情, 思いやり, 感受性 形《-ing》感じる, 感じやすい, 情深い
- **feet** 名①foot(足)の複数 ②フィート《長さの単位。約30cm》
- **fell** 動fall(落ちる, (値段・温度が)下がる)の過去
- **felt** 動feel(~と感じる)の過去, 過去分詞
- **field** 名①野原, 田畑, 広がり ②(研究)分野 ③競技場
- **fifteen** 名15(の数字), 15人[個] 形15の, 15人[個]の
- **fifty** 名50(の数字), 50人[個] 形50の, 50人[個]の
- **fill** 動満ちる[満たす] be filled with ~ ~でいっぱいになる
- **finally** 副最後に, ついに, 結局
- **find** 動①~を見つける ②~とわかる ③~を得る
- **fine** 形①元気な ②美しい, りっぱな ③晴れた ④細かい, 微妙な 副りっぱに, 申し分なく 動~に罰金を科す 名罰金
- **finger** 名(手の)指 動指でさわる
- **finish** 動終わる[終える] 名終わり, 最後
- **fire** 名①火, 炎, 火事 ②砲火, 攻撃 動①~を発射する ②~を解雇する ③火をつける
- **first** 名最初, 第1(の人[物]) 形①第1の, 最初の ②最も重要な 副第1に, 最初に first of all まず第一に for the first time 初めて
- **five** 名5(の数字), 5人[個] 形5の, 5人[個]の
- **flew** 動fly(飛ぶ[飛ばす])の過去
- **flicker** 動(灯などが)明滅する, ちらちら(揺れて)見える 名明滅する光, (光の)ゆらめき
- **fly** 動飛ぶ[飛ばす], (飛ぶように)過ぎる, 急ぐ 名飛行
- **follow** 動①~についていく ②~の結果として起こる ③(忠告など)に従う ④~を理解できる
- **follower** 名信奉者, 追随者
- **for** 前①《目的・原因・対象》~にとって, ~のために[の], ~に対して ②《期間》~間 ③《代理》~の代わりに

④《方向》〜へ(向かって)
- **forget** 動 〜を忘れる, 〜を置き忘れる
- **forgot** 動 forget (〜を忘れる)の過去, 過去分詞
- **found** 動 find (〜を見つける, 〜とわかる)の過去, 過去分詞
- **four** 名 4(の数字), 4人[個] 形 4の, 4人[個]の
- **fresh** 形 ①新鮮な, 生気のある ②さわやかな, 清純な ③新規の
- **friend** 名 友だち, 仲間
- **friendly** 形 親しみのある, 親切な, 友情のこもった 副 友好的に, 親切に
- **from** 前 ①《出身・出発点・時間・順序・原料》〜から ②《原因・理由》〜がもとで from 〜 to … 〜から…まで
- **front** 名 正面, 前 in front of 〜 〜の前に 形 正面の, 前面の
- **Fugen Bodhisattva** 名 普賢菩薩
- **full** 形 ①満ちた, いっぱいの, 満期の ②完全な, 盛りの, 充実した

G

- **Gabisan** 名 峨眉山
- **Gakuyo** 名 岳陽《街の名》
- **game** 名 ゲーム, 試合, 遊び, 競技 動 賭けごとをする
- **garden** 名 庭, 〜園 動 園芸をする, 庭いじりをする
- **gate** 名 ①門, とびら, 入り口 ②(空港・駅などの)ゲート
- **gave** 動 give (〜を与える, 〜を伝える)の過去
- **get** 動 ①〜を得る, 〜を手に入れる ②(ある状態に)なる, いたる ③〜がわかる, 〜を理解する ④〜させる
- **give** 動 ①〜を与える, 〜を贈る ②〜を伝える, 〜を述べる ③〜をする
- **given** 動 give (〜を与える, 〜を伝える)の過去分詞 形 与えられた
- **glad** 形 うれしい
- **glass** 名 ①ガラス(状のもの), コップ, グラス ②鏡, 望遠鏡, 《-es》眼鏡
- **go** 動 ①行く, 出かける ②動く ③進む, 経過する, いたる ④(ある状態に)なる yo on 続ける
- **gold** 名 金, 金貨, 金製品, 金色 形 金の, 金製の, 金色の
- **gone** 動 go(行く, 進む, (ある状態に)なる)の過去分詞 形 去った
- **good** 形 よい, 上手な, 優れた good old days 懐かしい昔 間 よかった, わかった, よろしい 名 ①善, 徳, 益, 幸福 ②《-s》商品, グッズ
- **got** 動 get(〜を得る, いたる)の過去・過去分詞
- **gotten** 動 get (〜を得る)の過去分詞
- **great** 形 ①大きい, 広大な, (量や程度が) たいへんな ②偉人な, 優れた ③すばらしい, おもしろい
- **grew** 動 grow (成長する, 増大する)の過去
- **ground** 名 地面, 土 動 ①〜を基づかせる ②着陸する 形 (粉に)ひいた, すった
- **grow** 動 ①成長する, 育つ[育てる] ②増大する, 大きくなる, (しだいに) 〜になる
- **grown** 動 grow (成長する, 増大する)の過去分詞 形 成長した, 成人した

H

- **haaa** 間 悪魔の叫んだ声
- **had** 動 have (~を持つ, ~がある[いる])の過去, 過去分詞 助 have の過去《過去完了の文をつくる》 had better ~ ~したほうがよい
- **Hades** 名 ①《ギリシア神話》ハデス ②地獄《俗》King of Hades 閻魔大王
- **half** 名 半分 形 半分の, 不完全の 副 半分, なかば, 不十分に
- **hand** 名 ①手, (時計の)針 ②援助の手, 助け 動 ~を手渡す
- **hang** 動 かかる[かける], ~をつるす, ぶら下がる 名 かかり具合
- **happen** 動 ①(出来事が)起こる, 生じる ②偶然[たまたま] ~する
- **happy** 形 幸せな, うれしい, 幸運な, 満足して
- **hard** 形 ①堅い ②激しい, 難しい 副 ①一生懸命に ②激しく ③堅く
- **has** 動 助 have (~を持つ, ~がある[いる], 《現在完了の文をつくる》)の3人称単数現在
- **hat** 名 (縁のある)帽子 動 ~に帽子をかぶせる
- **have** 動 ①~を持つ[持っている], ~を抱く ②~がある[いる] ③~を食べる[飲む] ④~を経験する, (病気に)かかる ⑤~を催す, ~を開く have to ~ ~しなければならない don't have to ~ ~する必要はない 助《〈have＋過去分詞〉の形で現在完了の文をつくる》~した, ~したことがある, ずっと~している
- **he** 代 彼は[が]
- **head** 名 ①頭 ②先頭 ③長, 指導者 動 ~に向かう, ~へ向ける
- **hear** 動 ~を聞く, ~が聞こえる
- **heard** 動 hear (~を聞く)の過去, 過去分詞
- **heart** 名 ①心臓, 胸 ②心, 感情, ハート ③中心, 本質
- **held** 動 hold (~をつかむ, ~を保つ, (会などを)開く)の過去, 過去分詞
- **hello** 間 ①こんにちは, やあ ②《電話で》もしもし
- **help** 動 ①~を助ける, ~を手伝う ②~を給仕する 名 助け, 手伝い cannot help ~ing ~せずにはいられない
- **her** 代 ①彼女を[に] ②彼女の
- **here** 副 ここに[で] 名 ここ here and there あちこちに
- **high** 形 ①高い ②気高い, 高価な 副 ①高く ②ぜいたくに 名 高い所
- **him** 代 彼を[に]
- **himself** 代 彼自身
- **his** 代 ①彼の ②彼のもの
- **history** 名 歴史, 経歴
- **hit** 動 ①~を打つ, なぐる, ~をぶつける ②~に命中する 名 ①打撃 ②命中 ③大成功
- **hold** 動 ①~をつかむ, ~を持つ, 抱く ②~を保つ, 持ちこたえる ③(会などを)開く hold up 持ち上げる 名 ①つかむこと, 保有 ②支配[理解]力 lose hold 離す
- **hole** 名 ①穴, すきま ②苦境, 困難 動 穴をあける, 穴に入る[入れる]
- **home** 名 ①家, 自国, 故郷, 家庭 ②収容所 副 家に, 自国へ 形 家の, 家庭の, 地元の
- **hope** 名 希望, 期待, 見込み 動 (~を)望む, ~であるようにと思う

- □ **horse** 名馬
- □ **hot** 形①暑い, 熱い ②できたての, 新しい ③からい, 強烈な, 熱中した 副①熱く ②激しく
- □ **hour** 名1時間, 時間
- □ **house** 名①家, 家庭 ②(特定の目的のための)建物, 小屋
- □ **how** 副①どうやって, どれくらい, どんなふうに ②なんて(～だろう) How about ～? ～はどうですか? how to ～ ～する方法, どうやって～するか
- □ **human** 形人間の, 人の 名人間
- □ **hung** 動 hang (かかる[かける])の過去, 過去分詞
- □ **hungry** 形①空腹の, 飢えた ②渇望して ③不毛の
- □ **hurt** 動 ～を傷つける, 痛む, ～を害する 名傷, けが, 苦痛, 害

I

- □ **I** 代私は[が]
- □ **ice** 名①氷 ②氷菓子 動凍る[凍らす], ～を氷で冷やす
- □ **idea** 名考え, 意見, アイデア, 計画
- □ **if** 接もし～ならば, たとえ～でも, ～かどうか 名疑問, 条件, 仮定
- □ **Ike-no-o Town** 名池の尾(町名)
- □ **image** 名①印象, 姿 ②画像, 映像 動 ～を心に描く, 想像する
- □ **important** 形重要な, 大切な, 有力な
- □ **impossible** 形不可能な, できない, あり[起こり]得ない
- □ **in** 前①《場所・位置・所属》～(の中)に[で, の] ②《時》～(のとき)に[の, で], ～後(に), ～の間(に) ③《方法・手段》～で ④《服装》～を身につけて, ～を着て 副中[内]へ[に]
- □ **increase** 動増加[増強]する[させる] 名増加(量), 増大
- □ **instead** 副その代わりに instead of ～ ～の代わりに, ～をしないで
- □ **interest** 名①興味, 関心 ②利害(関係), 利益 ③利子, 利息 動 ～に興味を起こさせる 形 be interested in ～ ～に興味[関心]がある
- □ **into** 前①《動作・運動の方向》～の中へ[に] ②《変化》～に[へ]
- □ **is** 動 ～である, (～に)いる[ある]
- □ **it** 代①それは[が], それを[に] ②《天候・日時・距離・寒暖などを示す》
- □ **itch** 動かゆい 名かゆみ
- □ **itchy** 形かゆい, むずむずする
- □ **its** 代それの, あれの

J

- □ **Japan** 名日本
- □ **jaw** 名①あご ②《-s》あご状のもの
- □ **just** 形正しい, もっともな, 当然な 副①ちょっと, (～した)ばかり ②ほんの, 単に, ただ～だけ ③ちょっと

K

- □ **keep** 動①～をとっておく, ～を保つ, ～を続ける ②～を経営する ③～を守る
- □ **kept** 動 keep (～をとっておく, ～を守る)の過去, 過去分詞
- □ **kill** 動 (～を)殺す, ～を消す 名殺すこと
- □ **kind** 形親切な, 優しい 名種類, 木

質
- **king** 名王, 国王
- **knew** 動 know（～を知っている[知る]）の過去
- **know** 動①～を知っている[知る], ～がわかる, ～を理解している ②～と知り合いである
- **known** 動 know（～を知っている[知る]）の過去分詞 形知られた
- **Kyoto** 名京都《地名》

L

- **lake** 名湖, 湖水
- **large** 形①大きい, 広い ②大勢の, 多量の 副①大きく ②自慢して
- **last** 形①《the –》最後の ②この前の, 先～ ③最新の 副①最後に ②この前 名最後（のもの）, 終わり 動続く, 持ちこたえる
- **laugh** 動笑う laugh at ～ ～を見て[聞いて]笑う 名笑い（声）
- **lead** 動①～を導く, 案内する ②（生活）を送る 名①鉛 ②先導, 指導
- **leaf** 名葉
- **leap** 動①跳ぶ ②～を跳び越える 名跳ぶこと
- **learn** 動（～を）学ぶ, 習う, 教わる, 知識[経験]を得る
- **leave** 動①出発する, ～を去る ②～を残す ③（人）を～のままにしておく ④～をゆだねる 名①休暇 ②（～する）許可 ③別れ
- **leaves** 名 leaf（葉）の複数 動 leave（出発する, ～を残す）の3人称単数現在
- **left** 名《the –》左, 左側 形左の, 左側の 副左に, 左側に 動 leave（出発する, ～を残す）の過去, 過去分詞
- **let** 動（人）に～させる[～するのを許す], ～を（ある状態に）する Let's ～. （一緒に）～しましょう。 let go ①手離す ②忘れる
- **life** 名①生命, 生物 ②一生, 生涯, 人生 ③生活, 暮らし, 世の中
- **light** 名光, あかり 動火をつける, （～を）照らす, 明るくする 形①明るい ②（色が）薄い, 淡い ③軽い, 容易な 副軽く, 容易に
- **like** 動（～を）好む, （～が）好きである 前～に似ている, ～のような 形似ている, ～のような, ～しそうで 接あたかも～のように
- **lip** 名くちびる, 《-s》口
- **little** 形①小さい, 幼い ②少しの, 短い ③ほとんど～ない, 《a –》少しはある 名少し（しか）, 少量 副全然～ない, 《a –》少しはある
- **live** 動住む, 生きている 形《-ing》①生きている, 現存の ②生き生きした 名《-ing》①生活, 生存 ②暮らし, 生計
- **lives** 名 life（生命, 生活）の複数
- **long** 形長い, 長期の 副長い間, ずっと no longer ～ もはや～でない[～しない] so [as] long as ～ ～する限りは
- **look** 動①見る ②～に見える, ～の顔つきをする ③注意する ④ほら, ねえ look down on ～ ～を見おろす, ～を見下す look for ～ ～を探す
- **lose** 動①～を失う, ～に迷う, ～を忘れる ②～に負ける, ～に失敗する
- **lost** 動 lose（～を失う, ～に負ける）の過去, 過去分詞 形①失った, 負けた ②道に迷った, 困った

- **lot** 名①くじ, 運 ②地所, 区画 ③a lot of ~[lots of ~] たくさんの~
- **loud** 形大声の, 騒がしい 副大声に[で]
- **low** 形①低い, 弱い ②低級の, 劣等な 副低く
- **luck** 名(幸)運, めぐり合わせ
- **lucky** 形幸運な, 運のよい, 縁起のよい
- **Luoyang** 名洛陽《地名。現存の中国河南省河南》
- **luxury** 名豪華な, 高級な, 贅沢な, 豪華さ, 贅沢(品)

M

- **made** 動make(~を作る)の過去, 過去分詞 形作った, 作られた
- **make** 動①~を作る, ~を得る ②~を行なう, ~になる ③~を(…に)する, ~を…させる
- **man** 名男性, (男の)人
- **many** 形多数の, たくさんの 名多数(の人[物])
- **matter** 名物, 事, 事件, 問題 no matter ~ (たとえ~)でも 動《主に疑問文・否定文で》重要である
- **may** 助①~かもしれない ②~してもよい, ~できる May I ~? ~してもよいですか? may as well ~ ~した方がまし 名《M-》5月
- **maybe** 副たぶん, おそらく
- **me** 代私を[に]
- **mean** 動①~を意味する ②~のつもりで言う, ~を意図する 形①意地の悪い, 劣っている ②中間の 名①中間, 中位 ②《-s》手段, 方法, 措置
- **meant** 動mean(~を意味する, ~のつもりで言う)の過去, 過去分詞
- **medicine** 名薬
- **men** 名man(男性)の複数
- **met** 動meet(~に会う, 合流する)の過去, 過去分詞
- **meter** 名①メートル《長さの単位》②計量器, 計量する人
- **middle** 名中間, 最中 形中間の, 中央の
- **might** 助①~かもしれない ②~してもよい, ~できる 名力
- **millimeter** 名ミリメートル《長さの単位》
- **minute** 名①(時間の)分 ②ちょっとの間
- **mirror** 名鏡
- **moment** 名①瞬間, ちょっとの間 ②(特定の)時, 時期
- **money** 名金, 通貨
- **monk** 名修道士, 僧
- **moon** 名月, 月光
- **more** 形①もっと多くの ②それ以上の, 余分の 副もっと, さらに多く, いっそう 名もっと多くの物[人]
- **morning** 名①朝, 午前 ②初期
- **most** 形①最も多い ②たいていの, 大部分の 名①大部分, ほとんど ②最多数 副最も(多く)
- **mother** 名母親
- **mountain** 名①山, 《-s》山脈 ②山のようなもの, 多量
- **mouth** 名①口 ②言葉, 発言
- **move** 動①動く[動かす] ②~を感動させる ③引っ越す, 移動する 名①動き, 運動 ②転居, 移動
- **Mr.** 名《男性に対して》~さん, ~氏

- **Mt.** 名 ~山
- **much** 形 (量・程度が)多くの, 多量の 副 ①とても, たいへん ②ほぼ
- **must** 助 ①~しなければならない ②~に違いない 名 絶対に必要なこと [もの]
- **my** 代 私の
- **myself** 代 私自身

N

- **name** 名 ①名前 ②名声 動 ①~に名前をつける ②~を指名する
- **near** 前 ~の近くに, ~のそばに 形 近い, 親しい 副 近くに, 親密で
- **need** 動 ~を必要とする, ~が必要である 助 ~する必要がある 名 ①必要(物) ②まさかのとき
- **never** 副 決して[少しも]~ない, 一度も~ない Never Ending Place 森羅殿, 閻魔大王の宮殿
- **new** 形 ①新しい, 新規の ②新鮮な, できたての 名《-s》ニュース, 報道, 便り, 記事
- **next** 形 ①次の, 翌~ ②隣の 副 ①次に ②隣に 代 次の人[物] 前 ~の次に, ~の隣に[の]
- **night** 名 夜, 晩
- **nine** 名 9(の数字), 9人[個] 形 9の, 9人[個]の
- **no** 副 ①いいえ, いや ②少しも~ない 形 ~がない, 少しも~ない, ~どころでない, ~禁止 名 拒否
- **north** 名《the -》北, 北部 形 北の, 北からの 副 北へ[に], 北から
- **nose** 名 鼻, 嗅覚, におい
- **not** 副 ~でない, ~しない
- **nothing** 代 何も~ない[しない] nothing but ~ ~だけ
- **now** 副 ①今[現在](では) ②今すぐに ③では, さて 名 今, 現在 from now on これから先ずっと 接 now that ~ いまや~だから
- **nowhere** 副 どこにも~ない
- **number** 名 ①数, 数字, 番号 ②~号, ~番 ③《-s》多数 動 ~に番号をつける, ~を数える a good number of ~ たくさんの~

O

- **of** 前 ①《所有・所属・部分》~の, ~に属する ②《性質・特徴・材料》~の, ~製の ③《部分》~のうち ④《分離・除去》~から
- **off** 副 ①離れて ②はずれて ③止まって ④休んで 形 ①離れて ②季節はずれの ③休みの 前 ~を離れて, ~をはずれて, (値段が)~引きの
- **often** 副 しばしば, たびたび
- **oh** 間 ああ, おや, まあ
- **oil** 名 ①油, 石油 ②油絵の具, 油絵
- **oily** 形 油っこい
- **old** 形 ①年とった, 老いた ②~歳の ③古い, 昔の 名 昔, 老人
- **on** 前 ①《場所・接触》~(の上)に ②《日・時》~に ③《関係・従事》~に関して, ~について, ~して 副 前へ, 続けて
- **once** 副 ①一度, 1回 ②かつて 名 一度, 1回 at once すぐに, 同時に once in a while ときどき 接 いったん~すると 形 かつての
- **one** 名 1(の数字), 1人[個] 形 ①1の, 1人[個]の ②ある~ ③《the -》

唯一の 代①《一般の》人, ある物 ②一方, 片方　one another　お互いに

- **only** 形唯一の 副単に, ~にすぎない 接ただし, だがしかし
- **onto** 前~の上へ
- **open** 形①開いた, 広々とした ②公開された 動①(~を)開く, 広がる[広げる] ②~を打ち明ける
- **or** 接①~か…, または ②さもないと ③すなわち, 言い換えると
- **order** 名①順序 ②整理, 整とん ③命令, 注文(品) 動①~に(…するよう)命じる, ~を注文する ②~を整んする
- **other** 形①ほかの, 異なった ②《2つのうち》もう一方の,《3つ以上のうち》残りの 代ほかの人[物],《the –》残りの1つ 副そうでなく, 別に
- **out** 副①外へ[に], 不在で, 離れて ②世に出て ③消えて ④すっかり 形①外の, 遠く離れた, ②公表された
- **outside** 名外部, 外側 形外部の, 外側の 副外へ, 外側に 前~の外に[で, の, へ], ~の範囲を越えて
- **over** 前①~の上の[に], ~を一面におおって ②~を越えて, ~以上に, ~よりまさって ③~の向こう側の[に] ④~の間 副①上に, 一面に, ずっと ②終わって, すんで
- **own** 形自身の 動~を持っている, ~を所有する

P

- **pain** 名①痛み, 苦悩 ②《-s》骨折り, 苦労 動~に苦痛を与える, 痛む
- **part** 名①部分, 割合 ②役目 動(~を)分ける, (~と)別れる
- **party** 名①パーティー, 会, 集まり ②派, 一行, 隊, 一味
- **pass** 動①(~のそばを)過ぎる[通る] ②(年月が)たつ ③(試験)に合格する ④~を手渡す 名①通過 ②入場券, 通行許可 ③合格, パス 形《-ing》①通行する, 過ぎる ②現在の, 一時の ③合格の
- **peach** 名桃(の実), 桃色
- **people** 名①(一般に)人々 ②民衆, 世界の人々, 国民, 民族
- **perfect** 形①完全な ②純然たる 動~を完成する, ~を改良[改善]する
- **person** 名①人 ②人格, 人柄
- **pick** 動①(~を)突く, つついて穴をあける, ほじくり出す ②(~を)つみとる, 選ぶ 名つつく物, つるはし
- **picture** 名絵, 写真,《-s》映画
- **piece** 名①一片, 部分 ②~個, ~本 ③作品
- **pine** 名松, マツ材
- **place** 名①場所, 建物 ②余地, 空間　in the first place　まず第一に 動~を置く, ~を(…に)任じる　take place　起る
- **play** 動①遊ぶ, 競技する ②(楽器)を演奏する, (~の役)を演じる 名遊び, 競技, 劇
- **please** 動~を喜ばす, ~を満足させる 間どうぞ
- **point** 名①先, 先端 ②点 ③地点[時点], 箇所 ④《the –》要点 動①~を指す ②~をとがらせる
- **poor** 形①貧しい, 貧弱な ②劣った, 下手な ③不幸な
- **power** 名①力, 能力, 才能, 勢力, 権力 動~に動力を供給する
- **prepare** 動①~の準備[用意]をす

- る ②覚悟する[させる]
- **pretty** 形①かわいい, きれいな ②相当な 副かなり, 相当, 非常に
- **priest** 名聖職者, 牧師, 僧侶
- **problem** 名問題, 難問
- **promise** 名①約束 ②有望 動①(〜を)約束する ②〜の見込みがある
- **pull** 動①(〜を)引く, 引っ張る ②〜を引きつける 名引くこと
- **put** 動①〜を置く, 〜を載せる ②〜を入れる, 〜をつける ③〜を(ある状態)にする

Q

- **question** 名質問, 疑問, 問題
- **quick** 形(動作が)速い, すばやい 副速く, 急いで, すぐに
- **quickly** 副敏速に, 急いで
- **quiet** 形①静かな, 穏やかな, じっとした ②おとなしい, 無口な, 目立たない 名静寂, 平穏 動静まる[静める]
- **quietly** 副①静かに ②平穏に, 控えめに
- **quite** 副①全く, すっかり, 完全に ②かなり, ずいぶん ③ほとんど

R

- **rain** 名雨, 降雨 動①雨が降る ②雨のように降る[降らせる]
- **raise** 動①〜を上げる[高める] ②〜を起こす ③〜を育てる 名高める[上げる]こと, 昇給
- **ran** 動 run (走る, 運行する, (川が)流れる, 〜を経営する)の過去
- **read** 動(〜を)読む, 読書する
- **ready** 形用意[準備]ができた, まさに〜しようとする get ready 準備をする 副用意して
- **real** 形実際の, 実在する, 本物の 名《the –》実体, 実在するもの
- **really** 副本当に, 実際に, 確かに
- **reason** 名①理由 ②理性, 道理 動①(〜を)推論する ②〜を説き伏せる
- **red** 形①赤い ②激しい 名赤, 赤色
- **remember** 動〜を思い出す, 〜を覚えている, 〜を忘れないでいる
- **reply** 動答える, 返事をする, 応答する 名答え, 返事, 応答
- **rest** 名①休息 ②安静 ③休止, 停止 ④残り 動①休む, 眠る ②休止する, 静止する ③(〜に)基づいている rest on one's side 横になる
- **return** 動帰る, 戻る, 〜を返す 名①帰還, 返却 ②返答, 報告(書), 申告
- **rice** 名米, 飯
- **rest** 名①休息 ②安静 ③休止, 停止 ④残り 動①休む, 眠る ②休止する, 静止する ③(〜に)基づいている
- **rich** 形富んだ, 金持ちの, 豊かな, 濃い, 深い
- **right** 形①正しい ②適切な ③健全な ④右(側)の 副①まっすぐに ②右(側)に ③ちょうど, 正確に 名正しいこと, 権利
- **river** 名川
- **road** 名①道路, 道, 〜通り ②手段, 方法 Road of the Dark Hole 闇穴道, この世と地獄とを結ぶ道
- **rock** 名①岩, 岸壁, 岩石 ②揺れること, 動揺 動揺れる[揺らす]
- **rose** 名バラ(色) 形バラ色の 動 rise (昇る, 生じる)の過去
- **run** 動①走る ②運行する ③(川が)

流れる ④〜を経営する

S

- **sad** 形①悲しい, 悲しげな ②(色の)くすんだ, 地味な
- **sadly** 副悲しそうに, 不幸にも
- **said** 動 say (言う) の過去, 過去分詞
- **same** 形①同じ, 同様の ②前述の at the same time 同時に 代《the -》同一人[物]《the -》副《the -》同様に
- **samurai** 名武士, 侍
- **sang** 動 sing (歌う) の過去
- **sat** 動 sit (座る) の過去, 過去分詞 名《S-》Saturday (土曜日) の短縮形
- **sausage** 名ソーセージ
- **saw** 動①see (〜を見る, 〜に会う) の過去 ②のこぎりを使う 名のこぎり
- **say** 動言う, 口に出す 名言うこと, 言い分 間さあ, まあ
- **sea** 名《the -》海, 〜海
- **second** 名①第2の(人[物]) ②(時間の) 秒, 瞬時 形第2の, 2番の 副第2に
- **see** 動①〜を見る, 〜が見える ②〜とわかる ③〜に会う ④〜を確かめる, 〜を調べる ⑤〜に気をつける
- **seem** 動 〜に見える, 〜のように思われる
- **seen** 動 see (〜を見る, 〜に会う) の過去分詞
- **Seiobo** 名西王母《人名》
- **set** 動①〜を置く, 〜をつける ②(太陽・月などが) 沈む ③〜を(…の状態)にする[させる] 形①固定した ②断固とした 名一そろい
- **shadow** 名①影, 暗がり ②亡霊 動 〜を陰に[暗く]する
- **shame** 名①恥 ②ひどい事 動 〜に恥をかかせる, 〜を侮辱する
- **shape** 名①形, 姿, 型 ②状態, 調子 動 〜を形作る, 〜を具体化する
- **she** 代彼女は[が]
- **shock** 名衝撃 動 (人) にショックを与える
- **short** 形①短い ②背の低い ③不足している 副①手短に, 簡単に ②不足して
- **should** 助 〜すべきである, 〜したほうがよい
- **shout** 動叫ぶ, 大声で言う, どなりつける 名叫び, 大声, 悲鳴
- **show** 動①〜を見せる, 〜を示す, 見える ②〜を明らかにする, 〜を教える ③〜を案内する 名①表示, 見世物 ②外見, 様子
- **side** 名側, 横, そば, 斜面 動味方する
- **sigh** 動ため息をつく, ため息をついて言う, (風が) そよぐ 名ため息, (風の) そよぐ音
- **sign** 名①きざし, 徴候 ②あと ③記号 ④身ぶり, 合図, 看板 動①署名する ②〜に合図する
- **simple** 形①単純な, 簡単な, 質素な ②単一の, 単独の
- **simply** 副①簡単に ②単に, ただ
- **since** 接①〜以来 ②〜だから 前 〜以来 副それ以来
- **sing** 動①(歌を) 歌う ②音を立てる
- **single** 形たった一つの, 独身の 名 (ホテルなどの) 1人用の部屋, シングル [単試合]
- **sit** 動座る, 腰掛ける, 位置する

- **sixty** 名 60 (の数字), 60人 [個] 形 60の, 60人 [個] の
- **size** 名 大きさ, サイズ 動 ～を測る
- **skin** 名 皮膚, 皮 (製品) 動 ～の皮をはぐ, ～をすりむく
- **sky** 名 ①空, 天空, 大空 ②天気, 空模様, 気候
- **sleep** 動 ①眠る, 寝る ②活動しない 名 ①睡眠, 冬眠 ②静止, 不活動
- **sleeve** 名 そで, たもと, スリーブ 動 ～にそで [たもと, スリーブ] をつける
- **slept** 動 sleep (眠る, 活動しない) の過去, 過去分詞
- **small** 形 ①小さい, 少ない ②取るに足りない 副 小さく, 細かく
- **smile** 動 微笑する, にっこり笑う 名 微笑, ほほえみ
- **snake** 名 蛇 動 (体を) くねらす, 蛇行する
- **snake gourd** 名 カラスウリ《植物》
- **sneeze** 動 ①くしゃみをする ②(～を) 鼻であしらう 名 くしゃみ
- **so** 副 ①とても ②同様に, ～もまた so that ～ ～するために so ～ that … とても～なので… 接 ①だから, それで ②では, さて 代 そう, そのとおり
- **Sogo** 名 蒼梧山
- **some** 形 ①いくつかの, 多少の ②ある, 誰か, 何か 代 ①いくつか ②ある人 [物] たち
- **someone** 代 ある人, 誰か
- **something** 代 ①ある物, 何か ②いくぶん, 多少
- **son** 名 息子, 子弟, ～の子
- **song** 名 歌, 詩歌, 鳴き声 feel a song in one's heart 晴れ晴れした気持ちになる

- **soon** 副 まもなく, すぐに, すみやかに no sooner ～ than ～するとすぐに
- **sorry** 形 気の毒に [申し訳なく] 思う, 残念な, 後悔して ～ will be sorry ～はいつか後悔するだろう
- **sound** 名 音, 騒音, ひびき 動 ①音がする [鳴る] ②(～のように) 思われる, (～と) 聞こえる
- **south** 名《the ‒》南, 南方, 南部 形 南 (方 [部]) の
- **speak** 動 話す, 言う, 演説する
- **spear** 名 やり, 投げやり 動 やりで突く, やりのように突き進む
- **special** 形 ①特別の, 特殊の, 臨時の ②専門の
- **spend** 動 ①(金など) を使う, 浪費する ②(時) を過ごす
- **spent** 動 spend ((金など) を使う, (時) を過ごす) の過去, 過去分詞 形 使い果たした, 疲れきった
- **spirit** 名 ①霊 ②精神, 気力
- **spoke** 動 speak (話す) の過去
- **spoken** 動 speak (話す) の過去分詞 形 口語の
- **spread** 動 広がる [広げる], 伸びる [伸ばす], ～を塗る 名 広がり
- **spring** 名 ①春 ②泉, 源 ③ばね, ぜんまい 動 跳ねる, 跳ぶ
- **stand** 動 ①立つ [立たせる], 立っている, ある ②～に耐える, ～に立ち向かう stand by 傍観する 名 立つこと
- **star** 名 ①星, 星形の物 ②人気者 形 星形の
- **start** 動 出発する, 始まる [始める], 生じる [生じさせる] 名 出発, 開始
- **statue** 名 像

流れる ④~を経営する

S

- □ **sad** 形①悲しい, 悲しげな ②(色の)くすんだ, 地味な
- □ **sadly** 副悲しそうに, 不幸にも
- □ **said** 動 say (言う)の過去, 過去分詞
- □ **same** 形①同じ, 同様の ②前述の at the same time 同時に 代《the -》同一人[物] 副《the -》同様に
- □ **samurai** 名武士, 侍
- □ **sang** 動 sing (歌う)の過去
- □ **sat** 動 sit (座る)の過去, 過去分詞 名《S-》Saturday (土曜日)の短縮形
- □ **sausage** 名ソーセージ
- □ **saw** 動①see (~を見る, ~に会う)の過去 ②のこぎりを使う 名のこぎり
- □ **say** 動言う, 口に出す 名言うこと, 言い分 間さあ, まあ
- □ **sea** 名《the -》海, ~海
- □ **second** 名①第2(の人[物]) ②(時間の)秒, 瞬時 形第2の, 2番の 副第2に
- □ **see** 動①~を見る, ~が見える ②~とわかる ③~に会う ④~を確かめる, ~を調べる ⑤~に気をつける
- □ **seem** 動 ~に見える, ~のように思われる
- □ **seen** 動 see (~を見る, ~に会う)の過去分詞
- □ **Seiobo** 名西王母《人名》
- □ **set** 動①~を置く, ~をつける ②(太陽・月などが)沈む ③~を(…の状態)にする[させる] 形①固定した ②断固とした 名一そろい
- □ **shadow** 名①影, 暗がり ②亡霊 動 ~を陰に[暗く]する
- □ **shame** 名①恥 ②ひどい事 動 ~に恥をかかせる, ~を侮辱する
- □ **shape** 名①形, 姿, 型 ②状態, 調子 動 ~を形作る, ~を具体化する
- □ **she** 代彼女は[が]
- □ **shock** 名衝撃 動 (人)にショックを与える
- □ **short** 形①短い ②背の低い ③不足している 副①手短に, 簡単に ②不足して
- □ **should** 助 ~すべきである, ~したほうがよい
- □ **shout** 動叫ぶ, 大声で言う, どなりつける 名叫び, 大声, 悲鳴
- □ **show** 動①~を見せる, ~を示す, 見える ②~を明らかにする, ~を教える ③~を案内する 名①表示, 見世物 ②外見, 様子
- □ **side** 名側, 横, そば, 斜面 動味方する
- □ **sigh** 動ため息をつく, ため息をついて言う, (風が)そよぐ 名ため息, (風の)そよぐ音
- □ **sign** 名①きざし, 徴候 ②あと ③記号 ④身ぶり, 合図, 看板 動①署名する ②~に合図する
- □ **simple** 形①単純な, 簡単な, 質素な ②単一の, 単独の
- □ **simply** 副①簡単に ②単に, ただ
- □ **since** 接①~以来 ②~だから 前 ~以来 副それ以来
- □ **sing** 動①(歌を)歌う ②音を立てる
- □ **single** 形たった一つの, 独身の 名 (ホテルなどの)1人用の部屋, シングル ス[単試合]
- □ **sit** 動座る, 腰掛ける, 位置する

- **sixty** 名60(の数字), 60人[個] 形60の, 60人[個]の
- **size** 名大きさ, サイズ 動〜を測る
- **skin** 名皮膚, 皮(製品) 動〜の皮をはぐ, 〜をすりむく
- **sky** 名①空, 天空, 大空 ②天気, 空模様, 気候
- **sleep** 動①眠る, 寝る ②活動しない 名①睡眠, 冬眠 ②静止, 不活動
- **sleeve** 名そで, たもと, スリーブ 動〜にそで[たもと, スリーブ]をつける
- **slept** 動 sleep (眠る, 活動しない) の過去, 過去分詞
- **small** 形①小さい, 少ない ②取るに足りない 副小さく, 細かく
- **smile** 動微笑する, にっこり笑う 名微笑, ほほえみ
- **snake** 名蛇 動(体を)くねらす, 蛇行する
- **snake gourd** 名カラスウリ《植物》
- **sneeze** 動①くしゃみをする ②(〜を)鼻であしらう 名くしゃみ
- **so** 副①とても ②同様に, 〜もまた so that 〜 〜するために so 〜 that … とても〜なので… 接①だから, それで ②では, さて 代そう, そのとおり
- **Sogo** 名蒼梧山
- **some** 形①いくつかの, 多少の ②ある, 誰か, 何か 代①いくつか ②ある人[物]たち
- **someone** 代ある人, 誰か
- **something** 代①ある物, 何か ②いくぶん, 多少
- **son** 名息子, 子弟, 〜の子
- **song** 名歌, 詩歌, 鳴き声 feel a song in one's heart 晴れ晴れした気持ちになる
- **soon** 副まもなく, すぐに, すみやかに no sooner 〜 than 〜するとすぐに
- **sorry** 形気の毒に[申し訳なく]思う, 残念な, 後悔して 〜 will be sorry 〜はいつか後悔するだろう
- **sound** 名音, 騒音, ひびき 動①音がする[鳴る] ②(〜のように)思われる, (〜と)聞こえる
- **south** 名《the –》南, 南方, 南部 形南(方[部])の
- **speak** 動話す, 言う, 演説する
- **spear** 名やり, 投げやり 動やりで突く, やりのように突き進む
- **special** 形①特別の, 特殊の, 臨時の ②専門の
- **spend** 動①(金など)を使う, 浪費する ②(時)を過ごす
- **spent** 動 spend ((金など)を使う, (時)を過ごす) の過去, 過去分詞 形使い果たした, 疲れきった
- **spirit** 名①霊 ②精神, 気力
- **spoke** 動 speak (話す) の過去
- **spoken** 動 speak (話す) の過去分詞 形口語の
- **spread** 動広がる[広げる], 伸びる[伸ばす], 〜を塗る 名広がり
- **spring** 名①春 ②泉, 源 ③ばね, ぜんまい 動跳ねる, 跳ぶ
- **stand** 動①立つ[立たせる], 立っている, ある ②〜に耐える, 〜に立ち向かう stand by 傍観する 名立つこと
- **star** 名①星, 星形の物 ②人気者 形星形の
- **start** 動出発する, 始まる[始める], 生じる[生じさせる] 名出発, 開始
- **statue** 名像

- **stay** 動①とどまる, 泊まる, 滞在する ②持続する, ～のままでいる 名滞在
- **step** 名①歩み, 1歩(の距離) ②段階 ③踏み段, 階段 動歩む, 踏む be out of step with ～ ～の調子をくずす
- **stick** 名棒, つえ 動①(突き)刺さる[刺す] ②くっつく[くっつける]
- **still** 副①まだ, 今でも ②それでも(なお) 形静止した, 静かな
- **stomach** 名①胃 ②腹
- **stood** 動 stand (立つ[立たせる], ～に耐える)の過去, 過去分詞
- **stop** 動①やめる[やめさせる] ②立ち止まる stop by 立ち寄る 名①停止 ②停留所[駅]
- **story** 名①物語, 話 ②階
- **straight** 形①一直線の, まっすぐな, 直立[垂直]の ②率直な, 整然とした 副①一直線に, まっすぐに, 垂直に ②率直に
- **strange** 形①知らない, 見[聞き]慣れない ②奇妙な, 変わった
- **street** 名①街路 ②～通り
- **strike** 動①(～を)打つ, ぶつかる ②(災害などが)急に襲う 名①ストライキ ②打つこと, 打撃
- **strong** 形強い, 堅固な, 強烈な 副強く, 猛烈に
- **struck** 動 strike ((～を)打つ, 急に襲う)の過去, 過去分詞
- **subject** 名①話題, 議題 ②学科 ③題材, 対象 形①支配を受ける ②(～を)受けやすい, (～を)必要とする
- **such** 形①そのような, このような ②そんなに, とても ③《such ～ asまたはsuch as ～の形で》～のような, ～するような 代そのような人[物]
- **suddenly** 副突然, 急に
- **sun** 名①《the –》太陽, 日 ②《S-》Sunday (日曜日)の短縮形
- **sure** 形確かな, 確実な, 必ず～する 副確かに, 全く, 本当に
- **surprise** 動～を驚かす 名驚き, 不意打ち
- **sutra** 名スートラ, 経典
- **sword** 名①剣, 刀 ②武力
- **sympathize** 動同情する, 気の毒に思う, 賛同する

T

- **table** 名テーブル, 食卓, 台 動～を卓上に置く, ～をたな上げにする
- **Taizan** 名泰山
- **take** 動①～を取る, ～を持つ ②～を持って[連れて]いく, ～を捕らえる ③～に乗る ④《It -s》(時間・労力)を費やす ⑤(ある動作を)する take on (生徒など)をとる 名①取得 ②捕獲
- **taken** 動 take (～を取る, ～を持って[連れて]いく, ～に乗る, (時間・労力)を費やす)の過去分詞
- **talk** 動話す, 語る, 相談する 名話, 演説, 《the –》話題
- **tall** 形高い, 背の高い
- **Tang** 名唐《中国の王朝》
- **taught** 動 teach ((～を)教える)の過去, 過去分詞
- **tea** 名茶, 紅茶
- **teach** 動 (～を)教える 名《-ing》①教授, 授業 ②《-ings》教え, 教訓
- **tear** 名①涙 ②裂け目 動～を裂く, ～を破る

- ☐ **Tekkanshi** 名 鉄冠子《人名》
- ☐ **tell** 動 ①(～を)話す, 言う, 語る ②～を教える, ～に知らせる, ～に伝える ③～がわかる
- ☐ **temple** 名 寺, 神殿
- ☐ **tempt** 動 誘う, 誘惑する, 導く, 心を引き付ける
- ☐ **terrible** 形 恐ろしい, ひどい, ものすごい, つらい
- ☐ **than** 接 ～よりも
- ☐ **thank** 動 ～に感謝する, ～に礼を言う 名 《-s》感謝, 謝意
- ☐ **that** 形 その, あの 副 そんなに, それほど 代 ①それ, あれ, その[あの]人[物] ②～である… 接 ～ということ, ～なので, ～だから
- ☐ **the** 冠 ①その ②《形容詞の前で》～な人々
- ☐ **their** 代 彼(女)らの, それらの
- ☐ **them** 代 彼(女)らを[に], それらを[に]
- ☐ **then** 副 そのとき(に[は]), それから, 次に 名 そのとき
- ☐ **there** 副 ①そこに[で, の], そこへ, あそこへ ②《– is[are]》～がある[いる] 名 そこ
- ☐ **these** 代 これら, これ 形 これらの, この
- ☐ **they** 代 ①彼(女)らは[が], それらは[が] ②(一般の)人々は[が]
- ☐ **thing** 名 ①物, 事 ②《-s》事情, 事柄 ③人, やつ
- ☐ **think** 動 (～と)思う, (～と)考える
- ☐ **third** 名 第3(の人・物) 形 第3の, 3番の
- ☐ **this** 形 ①この, こちらの ②今～ 代 これ, この人[物] **this and that** あれこれ
- ☐ **those** 形 それらの, あれらの 代 それら[あれら]の人[物]
- ☐ **though** 接 ①～にもかかわらず, ～だが ②たとえ～でも 副 しかし
- ☐ **thought** 名 考え, 意見 動 think((～と)思う)の過去, 過去分詞
- ☐ **thousand** 名 ①1000(の数字), 1000人[個] ②何千, 多数 形 ①1000の, 1000人[個]の ②多数の
- ☐ **three** 名 3(の数字), 3人[個] 形 3の, 3人[個]の
- ☐ **threw** 動 throw((～を)投げる)の過去
- ☐ **through** 前 ～を通して, ～中を[に], ～中 副 ①通して, ～中 ②全く, すっかり
- ☐ **throw** 動 (～を)投げる, ～を浴びせる, ～をひっかける 名 投げること
- ☐ **tiger** 名 ①トラ ②あばれ者
- ☐ **time** 名 ①時, 時間, 歳月 ②時期 ③期間 ④時代 ⑤回, 倍
- ☐ **tire** 動 疲れる[疲れさせる], 飽きる[飽きさせる] 名 (車の)タイヤ
- ☐ **to** 前 ①《方向・変化》～へ, ～に, ～のほうへ ②《程度・時間》～まで ③《適合・付加・所属》～に ④《– ＋動詞の原型》～するために[の], ～する, ～すること
- ☐ **told** 動 tell((～を)話す, 言う)の過去, 過去分詞
- ☐ **tongue** 名 ①舌 ②弁舌 ③言語
- ☐ **tonight** 名 今夜, 今晩 副 今夜(は)
- ☐ **too** 副 ①～も(また) ②あまりに～すぎる, とても～
- ☐ **took** 動 take(～を取る, ～を持って[連れて]いく, ～に乗る, (時間・労力)を費やす)の過去
- ☐ **top** 名 頂上, 首位 形 一番上の 動

①〜の頂上をおおう ②〜の首位を占める ③〜より優れる
- **Toshishun** 名 杜子春《人名》
- **touch** 動 ①触れる, さわる ②接触する ③〜を感動させる 名 ①接触, 手ざわり ②手法
- **toward** 前 ①《運動の方向・位置》〜のほうへ, 〜に向かって ②《目的》〜のために
- **town** 名 町, 都会, 都市
- **travel** 動 ①旅行する ②進む, 移動する[させる], 伝わる 名 旅行, 運行
- **tree** 名 ①木, 木製のもの ②系図
- **tried** 動 try (〜しようと試みる)の過去, 過去分詞 形 確実な, あてになる, 信頼できる
- **trouble** 名 ①困難, 迷惑 ②心配, 苦労 ③もめごと 動 ①〜を悩ます, 〜を心配させる ②〜に迷惑をかける
- **true** 形 ①本当の, 本物の, 真の ②誠実な, 確かな 副 真実に, 純粋に
- **truth** 名 ①真実性 ②事実
- **try** 動 〜をやってみる, 〜しようと試みる 名 試み, ためし give 〜 a try 〜をためしてみる
- **turn** 動 ①〜をひっくりかえす, 回転する[させる], 曲がる[曲げる], 向かう[向ける] ②〜になる, 〜に変える 名 ①回転, 曲がり ②順番 ③変化, 転換
- **tweezers** 名 毛抜き, ピンセット
- **twice** 副 2倍, 2度, 2回
- **two** 名 2(の数字), 2人[個] 形 2の, 2人[個]の
- **type** 名 ①型, タイプ, 様式 ②見本, 模様, 典型 動 ①〜の典型となる ②〜をタイプで打つ

U

- **under** 前 ①《位置》〜の下[に] ②《状態》〜で, 〜を受けて, 〜のもと ③《数量》〜未満の, 〜より下の 形 下の, 下部の 副 下に[で], 従属[服従]して
- **understand** 動 〜を理解する, 〜がわかる 名 《-ing》①理解(力), 会得 ②知力, 分別 ③一致, 了解
- **understood** 動 understand (〜を理解する)の過去, 過去分詞
- **until** 前 〜まで(ずっと) 接 〜のときまで, 〜するまで
- **up** 副 ①上へ, 上がって, 北へ ②立って, 近づいて ③向上して, 増して up to you あなた次第 前 ①〜の上(のほう)へ, 高いほうへ ②(道)に沿って 形 上向きの, 上りの 名 上昇, 向上, 値上がり
- **upon** 前 ①《場所・接触》〜(の上)に ②《日・時》〜に ③《関係・従事》〜に関して, 〜について, 〜して 副 前へ, 続けて
- **upper** 形 上の, 上位の, 北方の
- **us** 代 私たちを[に]
- **use** 動 ①〜を使う ②〜を費やす make use of 〜 〜を利用する 名 使用, 用途 形 ①《be -d to》〜に慣れている ②《-d》中古の 助 《-d to》(以前は) よく〜したものだった
- **usually** 副 ふつう, いつも(は)

V

- **valley** 名 谷, 谷間
- **very** 副 とても, 非常に, 全く 形 本当の, きわめて, まさしくその

- □ **view** 動①見る ②見なす
- □ **visit** 動(人)を訪問する 名訪問
- □ **visitor** 名訪問客
- □ **voice** 名①声, 音声 ②意見, 発言権 動～を声に出す, 言い表す

W

- □ **wait** 動①待つ ②延ばす[延ばせる], 遅らせる
- □ **walk** 動歩く[歩かせる], 散歩する[させる] 名歩くこと, 散歩
- □ **wall** 名①壁, へい ②障壁 動～を壁[へい]で囲む[ふさぐ]
- □ **want** 動～がほしい, ～を望む, ～したい[～してほしい] 名欠乏, 不足
- □ **warrior** 名武人, 兵士
- □ **was** 動～であった, (～に)いた[あった]
- □ **waste** 動浪費する, 消耗する[させる] 形①むだな, 余分な ②不毛の, 荒涼とした 名①浪費, 消耗 ②くず, 廃物 ③荒地
- □ **watch** 動①～をじっと見る, ～を見物する ②～に注意[用心]する, ～を監視する 名①警戒, 見張り ②腕時計
- □ **water** 名①水 ②(川, 湖, 海などの)多量の水 動水を飲ませる, (植物に)水をやる
- □ **way** 名①道, 通り道 ②方向, 距離 ③方法, 手段 ④習慣 all the way to ～ はるばる～まで look ～ way ～をにらむ this way and that いろいろな方法
- □ **we** 代私たちは[が]
- □ **week** 名週, 1週間
- □ **well** 副①うまく, 上手に ②十分に, よく, かなり 間へえ, まあ, ええと 形健康な, 適当な, 申し分ない
- □ **went** 動 go (行く, 進む, (ある状態に)なる)の過去
- □ **were** 動～であった, (～に)いた[あった]
- □ **west** 名《the –》西, 西部, 西方 形西(方[部])の
- □ **what** 代①何が[を, に] ②～するところのもの[こと] ③なんと 形①何の, どんな ②なんと ③～するだけの 副いかに, どれほど
- □ **whatever** 代①～するものは何でも ②どんなこと[もの]が～とも 形①どんな～でも ②《否定文, 疑問文で》少しの～も, 何らかの
- □ **when** 副①いつ ②～するところの, ～するとそのとき, ～するとき 接～のとき, ～するとき 代①いつ ②そしてそのとき 名《the –》時, 場合
- □ **where** 副①どこに[で] ②～するところの, そしてそこで, ～するところ 接～なところに[へ], ～するところに[へ] 代①どこ, どの点 ②～するところの 名《the –》場所
- □ **whether** 接～かどうか, ～かまたは…, ～であろうとなかろうと
- □ **which** 形①どちらの, どの, どれでも ②どんな～でも, そしてこの 代①どちら, どれ, どの人[物] ②～するところの
- □ **while** 接①～の間(に), ～する間(に) ②いっぽう, ～なのに 名しばらくの間, 一定の時 for a while しばらく
- □ **whip** 動①～をむちうつ ②急に動く[動かす] 名むち
- □ **white** 形白い, (顔色などが)青ざめた, 白人の 名白, 白色

- **who** 代①誰が[は], どの人 ②~するところの(人), するとその人は
- **why** 副①なぜ, どうして ②~するところの(理由) 間①おや, まあ ②もちろん, なんだって ③ええと
- **wife** 名妻, 夫人
- **will** 助 ~だろう, ~しよう, する(つもりだ) Will you ~? ~してくれませんか? 名決意, 意図 形《-ing》自発的な, 《be -ing to》喜んで~する
- **wind** 名①風 ②うねり, 一巻き 動~を巻く, からみつく, うねる
- **window** 名窓
- **wish** 動~を望む[願う], ~であればよいと思う 名(心からの)願い
- **with** 前①《同伴・付随・所属》~と一緒に, ~を身につけて, ~とともに ②《様態》~(の状態)で, ~して ③《手段・道具》~で, ~を使って
- **without** 前 ~なしで, ~がなく, ~しないで
- **wizard** 名魔法使い(男), 仙人
- **woke** 動 wake(目がさめる)の過去
- **women** 名 woman(女性)の複数
- **won't** will not(~しない[ではない]だろう)の短縮形
- **wonder** 動①不思議に思う, (~に)驚く ②~かしら(と思う) 名驚き(の念), 不思議なもの
- **wonderful** 形驚くべき, すばらしい, すてきな
- **wood** 名①《-s》森, 林 ②木材
- **word** 名①語, 単語 ②ひと言 ③《one's -》約束
- **wore** 動 wear(~を着ている, 消耗する)の過去
- **work** 動①働く ②機能[作用]する work out 熟考する 名①仕事, 勉強 ②職 ③作品 形《-ing》①働く, 仕事の, 経営上の ②役に立つ, 実用の
- **world** 名《the -》世界, ~界
- **worry** 動悩む[悩ませる], 心配する[心配させる] 名苦労, 心配
- **worse** 形いっそう悪い, より劣った, よりひどい 副いっそう悪く
- **would** 助①will(~だろう)の過去 ②would like to ~ ~したいと思う
- **wrong** 形①間違った, (道徳上)悪い ②調子が悪い, 故障した 副間違って 名不正, 悪事

Y

- **year** 名年, 歳
- **yes** 副はい, そうです 名肯定の言葉[返事]
- **yesterday** 名①昨日 ②過ぎし日, 昨今 副昨日
- **yet** 副①《否定文で》まだ~(ない[しない]) ②《疑問文で》もう ③《肯定文で》まだ, 今もなお 接それにもかかわらず, しかし, けれども
- **you** 代①あなた(方)は[が], あなた(方)を[に] ②(一般に)人は
- **young** 形若い, 幼い, 青年の
- **your** 代あなた(方)の
- **yours** 代あなた(方)のもの
- **yourself** 代あなた自身

Z

- **Zenchi** 名禅智《人名》

やさしい英語を聴いて読む
IBCオーディオブックス

鼻
The Nose
杜子春
Toshishun

2008年5月12日　第1刷発行
2015年4月10日　第2刷発行

著者………芥川龍之介

訳者………マイケル・ブレーズ

発行者………浦晋亮

発行所………IBCパブリッシング株式会社

〒162-0804
東京都新宿区中里町29番3号
菱秀神楽坂ビル9F
Tel. 03-3513-4511
Fax. 03-3513-4512
www.ibcpub.co.jp

印刷所………株式会社シナノパブリッシングプレス

©Michael Brase 2008
©IBC Publishing, Inc. 2008
Printed in Japan

本文イラスト……目黒久美子

装丁イラスト……きたざわけんじ

落丁本・乱丁本は、小社宛にお送りください。
送料小社負担にてお取り替えいたします。
本書の無断複写(コピー)は
著作権上での例外を除き禁じられています。

ISBN978-4-89684-681-2